Karola Sakotnik

# MUTIG MenschSEIN

## Neues Denken wagen

Mut, Zuversicht und Vertrauen
als Schlüssel für erfolgreiche
digitale Transformation

Illustration / Umschlaggestaltung: Karola Sakotnik, Harald Karrer, markenagentur Roman Schmidt
Lektorat / Korrektorat: Elisabeth Polanyi
Druck und Vertrieb im Auftrag der Autorin/des Autors:
Buchschmiede von Dataform Media GmbH, Wien
www.buchschmiede.com

ISBN:
978-3-99125-446-1 (Paperback)
978-3-99125-447-8 (Hardcover)
978-3-99125-472-0 (E-Book)

PRINTED IN
AUSTRIA

*Mut bedeutet, sich ins Ungewisse zu wagen und darauf vertrauen zu können, dass man genug erkennen, sehen und lernen wird, um daraus Neues zu entwickeln*

*Zuversicht bedeutet bedingungslos, aber nicht naiv ans Gelingen zu glauben*

*Vertrauen entsteht, wenn Emotionen, Gefühle und Denken miteinander verbunden sind. Organisations-Kultur wird in Zukunft dann zum Erfolg führen, wenn es gelingt, Instinkt, Intuition und Intelligenz als Einheit zu leben.*

*Das kann gelingen, wenn jede*r ihr*sein Bauchwissen, Herzwissen und Hirnwissen täglich pflegt und bildet - wie Zähneputzen.*

Danke an alle Lehrmeister in Form von Menschen und Aufgaben, die mich so gefordert haben, dass ich die Gedanken dieses Buches in der vorliegenden Art und Weise formulieren kann.

Karola Sakotnik

# INHALT

## Notizen und Gedanken

Noch etwas persönliches für Euch, liebe Leser*innen!

Das Cover zeigt es bereits, Skizzen und Prototypen sind Teil einer gesunden Entwicklung. Dieses Buch wächst durch individuelle Beiträge!

Daher findet Ihr Ihr immer wieder Platz für Ihre Notizen und Gedanken. Übrigens: ganz im Sinne des Gedankens des ästhetischen Veredelns (siehe Seite 95): am schönsten wird es, wenn Ihr sie mit Bleistift einträgt!

## Wozu dieses Buch?

In den letzten Jahren durfte ich durch unterschiedliche Projekte viel über uns Menschen lernen. Dabei habe ich Erfahrungen gemacht, die ich teilen möchte.

In allen Führungspositionen, die ich innehatte, bin ich einen mutigen, menschenfreundlichen Weg gegangen. Sowohl in Zeiten als Digitalisierung erst begonnen hatte, genauso wie in Zeiten, als ich hochtechnische Geräte verantworten musste und teilweise zu Beginn recht wenig Wissen darüber hatte oder als ich mit Teams weltweit unterwegs war, um in Flüchtlingslagern Hoffnung und Humor zu verbreiten, ohne große technische Mittel, aber mit viel Feingefühl und genug Wissen, um andere Kulturen und traumatisierte Menschen zu begreifen.

Den Menschen sollte es dienen und unsere Angebote aufwerten, war meine Anforderung – an meine Teams, an die Spezialisten.

Zusammenhänge kann man erst sehen, wenn man die Fallen begreift, hat mein Vater immer gesagt. Was für mich so viel bedeutet hat, dass ich mich immer schnellstens eingearbeitet habe, um genau diese zu begreifen. Es war auch nicht immer leicht, zu wissen, worauf ich achten musste, entweder wenn mich wieder jemand von einer revolutionären technischen Neuerung überzeugen wollte oder wenn mir jemand erzählt hat, dass einfach meinem Bauchgefühl zu vertrauen ausreicht, um hochsensible Situationen zu meistern. Ich habe Wege gefunden, beides zu verbinden: das Know-how und das Bauchgefühl. Und das hat mir geholfen und mich zu dem gemacht, was ich heute bin und was ich meinen Kund*innen mitgebe.

Ein Buch wie dieses entsteht, wenn jemand wie ich die Erfahrung macht, dass genau diese Kund*innen ganz stark auf das Thema ihres Seins ansprechen, ihr MenschSEIN. Irgendwie trifft das einen Nerv und löst bei ihnen allen Bilder aus.

Mir ist, durch unterschiedliche Erfahrungen in meiner Karriere und meinem Leben, der Mensch mit seiner Erlebens-Fähigkeit und Gefühlswelt zur Berufung geworden.

Ich möchte jetzt daher in Buchform erläutern, was ich damit meine und warum ich zum Begriff MenschSEIN inzwischen das Wort MUTIG dazu stelle.

Meiner Ansicht nach reicht es nämlich nicht als Mensch einfach immer zu sein, sondern ich erachte es als notwendig eben auch mutig Verantwortung zu übernehmen, und dann im richtigen Moment wieder einfach nur zu sein.

Warum ich das Thema Digitalisierung in einem Atemzug mit MUTIG MenschSEIN nenne? Das hat mit meinem Arbeits-Schwerpunkt zu tun.

Ich arbeite vor allem mit Führungskräften und Unternehmer*innen und bringe in diese Welt die Konzepte sowohl einer erschaffend, kreativen Mensch*in als auch die einer interpretierend und Leben einhauchenden Bühnenschauspielerin. Dazu das Wissen einer Unternehmensberaterin mit Schwerpunkt Kultur und einer Künstlerischen Leiterin, Programmentwicklerin und Kuratorin. Durch meine unterschiedlichen Karriereerfahrungen habe ich mir hier eine Expertise entwickelt, die Bereiche verbindet und die Erfahrung der einen Welt einer anderen zugänglich macht.

Wozu diese Expertise gut einsetzbar ist? Um Menschen zu begleiten, ihres zu ent-wickeln, um Vorträge zu halten, um zu wissen, wie wichtig es ist, wirksam zu kommunizieren, um gehört zu werden, und damit andere zu berühren einerseits – und um Innovationen zu gestalten andererseits.

Insider werden erkennen, dass vieles hier im Bereich des Design Thinking angesiedelt ist und trotzdem weiß ich, dass es anders ist. Warum? Es geht mir um das Leben an sich, um unsere Umwelt, unsere Welt, um uns.

Das Konzept des Design Thinking wird mit unterschiedlichen Bezeichnungen nicht nur in der Architektur, dem Design oder im Innovationsbereich sondern im gesamten Kreativarbeitsbereich eingesetzt. Im Bereich Theaterkreation, wo ich herkomme, wird es auch angewendet. Dort wird es allerdings eingesetzt, um das Leben einzelner Figuren zu verstehen oder zu erschaffen. Und zwar mit allen Brüchen und Unvorhersehbarkeiten, genauso wie mit aller Liebe und Hingabe, die einer Figur bzw. einer Rolle innewohnt.

Das wichtigste Tool in meinem Wirken ist für mich das Wissen, das ich mir über den Menschen angeeignet habe, dazu ein Verständnis für Technologie und digitale Prozesse und deren Anwendung für eine menschliche Erfahrung im Umgang damit. Und dann noch das Wissen über stimmige, kongruente Kommunikation. Sie geht nämlich buchstäblich unter die Haut und trifft oft den Nerv der Situation. Damit ist sie unheimlich überzeugend.

Das gemeinsam ist spannenderweise auch das Handwerkszeug jedes großen Leaders.

Zivilisation, hoch komplexe Arbeitsteilung, Globalisierung und Wirtschaft sind ureigenste menschliche Entwicklungen und sie erfordern ein tiefgreifendes Wissen über Zusammenhänge. Und sie brauchen neue Fähigkeiten, wie die Entwicklung eines Gespürs für mögliche Zusammenhänge. Ich nenne das die strategische Intuition, als Synonym für ein sicheres Gespür dafür, wo man tiefer graben sollte.

Wenn dann noch der Mut dazukommt, es zu tun, wird es spannend.

Übrigens muss man im Zuge dessen auch bereit sein zu riskieren, dass man mittendrin merkt, dass der eingeschlagene Weg kein zielführender war. Mehr noch, es geht darum trotzdem wach und mutig zu bleiben, um zu erkennen und zu ernten, was man auf diesem Umweg gelernt hat. Denn dann wird die vermeintliche Niederlage zu einer wichtigen Informationsquelle.

Auf die Wirtschaft umgelegt, bedeutet das, es zu wagen, Neues zu denken und dafür das Wissen zu erwerben, um es umsichtig und weise zu tun.

Management Tools brauchen heutzutage ein Update, um menschliche Erfahrung und die menschliche Art Information zu verarbeiten mit der digitalisierten Welt zu verbinden und damit das gesamte vorhandene Potential auszuschöpfen. Und damit Motivation, Wertschöpfung und Erfolg zu ernten.

Die größte Hürde im Gelingen dieser neuen Aufgabe sehe ich darin, dass Menschen zu wenig lernen, das eigene Potential auszuschöpfen und sich der eigenen Besonderheiten in deutlich zu geringem Teil zu widmen, da die Ausbildung oft fast ausschließlich im kognitiven Bereich erfolgt. Gleichzeitig beobachte ich, dass gerade in der Wirtschaft aktuell große Talente zu finden sind, gepaart mit einem Mut etwas auszuprobieren.

Ich lege daher in diesem Buch den Fokus auf diesen in unserer Ausbildung unterrepräsentierten Teil. Und das bezeichne ich als das MUTIG MenschSEIN. Es versteht sich aber von selbst, dass wir alle Teile der Ausbildung brauchen und ohne kognitive und handwerkliche Ausbildung das Pendel einfach nur in die andere Richtung ausschlagen würde.

Mit meinem Musik- und Theater-Hintergrund komme ich aus einer Welt der Geschichten und des überlieferten Wissens. Und als Entwicklerin von Erlebniswelten und Lernerfahrungen, Moderatorin, Vortragende, Trainerin und Coach ist es mein Talent, mit meinen Worten, Bilder in den Köpfen der Teilnehmer*innen oder dem Auditorium entstehen zu lassen.

Daher habe ich Joseph Campbells Heldenreise als Modell gewählt, um zu erläutern, was ich meine.

Die Heldin und der Held verspüren einen Ruf oder eine tiefgreifende Frage – etwas, das so dringlich ist, dass sie*er sich auf den Weg macht, um Antworten zu finden. Sie*er begibt sich auf unbekanntes Territorium. Herausforderungen werden gemeistert und sie*er lernt. Eine tiefe

Transformation findet statt. Geläutert und mit neuen Erkenntnissen kehrt sie*er in die eigene Welt zurück und begegnet vielem fortan neu und besser gerüstet.

Wie das in der Realität gelingen kann und was es für uns als Menschen dafür zu tun gibt, das nenne ich MUTIG MenschSEIN.

Es ist ein Kulturwandel in der Haltung zu Wertschöpfung, Wirtschaft, Natur und MenschSEIN und das möchte ich im Folgenden erläutern.

Dabei möchte ich mich bei jenen bedanken, die mich mit ihrer Arbeit und ihren Erkenntnissen inspiriert haben: Otto Scharmer und seine Theory U, Gerald Hüther und seine Werke. Dann Thomas Weegen, Peter Vogel Dittrich, Ralph Schubert, Mark Jenkins, Martina Miegel und Jacqueline Wasseveld-Reinhold in Vertretung auch anderer Kolleg*innen von Coverdale International, die mich den Geist von Ralph Coverdale erleben ließen und sein Konzept gelehrt haben, wie man mit Menschen qualitätsvolle Zusammenarbeitsprinzipien erarbeitet und zwar indem man sie deren Wert erfahren lässt. Gerald Koller und die Resonanzpädagogik, Aaron Antonovsky und seine Salutogenese, dem Mastermind der Scuola Teatro Dimitri Clown Dimitri und seine Liebe zur Ästhetik und Perfektion, Richard Weber, mein Pantomime Lehrer, der mich mit seiner Menschenliebe und seinem Verständnis ermutigt hat, meinen Weg zu gehen, Prof. Norbert Aust und sein Zugang zu Verhandlungen und Kultur, Kerstin Will und ihr inspirierender Austausch, der bis heute anhält, Sebastian Ahrens und seine neugierige Kunstsinnigkeit, die Gestalterinnen des Steirischen Vulkanlandes allen voran Ing. Josef Ober, Michael Fend, Beatrix Lenz, Daniela Adler und Roman Schmidt für ihre tiefsinnige Regionalentwicklung sowie meine Kolleg*innen Gerald Peter Pfleger, Katrin Krois, Elisabeth Polanyi und John Ireland die mit ihrem hinterfragend, unterstützenden Denken vieles herausgelockt haben, um nur einige zu nennen. Es gibt darüber hinaus noch so viele andere, die ein Danke verdienen und das sei hiermit auch ausgesprochen!

Und es gab auch die, die mich mit ihrem schlechten Vorbild gefordert haben, tiefer zu graben. Sie haben mich durch Egoismus und ungerechtes Verhalten geärgert und zu Höchstleistungen angetrieben.

Ich musste auch lernen, mich durch Kurzsichtigkeit nicht bedroht zu fühlen und in Folge aus der geschlossenen Kreativität heraus trotzig zu agieren.

Mein größtes Vorbild in diesem Zusammenhang war mein Vater, der immer wieder einen Weg gesucht hat, andere mit Vertrauen und Klarheit zu führen und mir viel über Leadership beigebracht hat, obwohl er kurz nach meinem 21. Geburtstag in seinem 43. Lebensjahr verstorben ist.

Feldbach, 31.01.2021

# Notizen und Gedanken

## Was wäre, wenn wir Mut, Zuversicht und Vertrauen als Basis für unsere erfolgreiche Wertschöpfung wählen würden?

Wenn wir das als zukunftsfähiges Handeln lernen würden?
Wenn wir das menschliche Potential, das in unserer Ambivalenz und unserer Komplexität liegt, nutzen könnten?

Wenn wir Empathie Kreativität nicht nur im privaten Bereich sondern auch im beruflichen Kontext wirklich einsetzen könnten und ein reales Selbst-Bild als Wert anerkennen würden?

Digitalisierung könnte menschen-art-gerecht gelingen

Die Wirtschaft würde sich auf ihren Ursprung besinnen und die Mitgestaltung einer lebenswerten Welt als sinnvoll erkennen

# Notizen und Gedanken

# NEUES DENKEN WAGEN I

## DIE HELDENREISE

### MUTIG MENSCHSEIN UND DIE LUST AM ABENTEUER

Wie entwickeln sich Menschen? Welche Interventionen sprechen sie so an, dass sie bereit sind, etwas ganz neu anzugehen?

Diese Frage begleitet mich, seit ich auf der Bühne stehe, als Clown im Krankenhaus oder mit Pädagog*innen und Student*innen an ihrer Ausdrucksweise gearbeitet habe oder Urlaubserlebnisse konzipiert habe und auch seit ich Führungskräfte trainiere, um ein überzeugender, authentisch kommunizierender Leader zu sein.

Ich suche seither etwas, das so einfach ist, dass man es ins Leben integrieren kann und das gleichzeitig differenziert genug ist, um auch in komplexen Situationen anwendbar zu sein. Den tagesaktuellen Stand dieser Recherchen erfahren Sie in diesem Buch.

Ich glaube, dass es sich für jede*n auszahlt, einmal die Frage zu stellen, wohin man sich entwickeln möchte und es sich dann auf artgerechte, menschliche Art und Weise zu erarbeiten: Mit Abenteuer und Spiel, und in konstanter Veränderung. Genau in diesem Bereich ist das Lernmodell von Future Skills Farming zu MUTIG MenschSEIN angesiedelt.

Allerdings: So viele Einzelparameter kann man nicht in zwei Tagen lernen. Es ist eher wie der Weg eines Künstlers zu sehen, die*der sich immer weiterentwickelt, auch wenn sie*er bereits erfolgreich ist. Immer wieder kleine Lerneinheiten oder besser gesagt Entdecker Einheiten. So bieten wir das auch auf www.Future-Skill-Farming.com im Bereich Online Academy an: lauter kleine, appetitliche und neugierig machende Häppchen, ergänzt mit dem gemeinsamen Erleben, geteilt am virtuellen Lagerfeuer.

Daher wähle ich, wenn es um das Begreiflich-Machen des Er-Lebens (im Gegensatz zum Er-Lernen) von MUTIG MenschSEIN geht, das Beispiel der Heldenreise.

Joseph Campbell gilt als der Vater dieses Konzeptes. Er hat die Lernschritte eines Menschenlebens, mit allen Visionen, Initiationsritualen und Herausforderungen beobachtet. Und er hat erkannt, wie effektiv wir Menschen mit den Methoden der ältesten Form des Lernens, der mündlichen Überlieferung mittels Mythen und Archetypen, am Lagerfeuer sitzend, lernen. Daraus hat er ein Modell extrahiert, das nicht Gesetze und Regeln festlegt, sondern Prinzipien der Entwicklung beschreibt. Immer bedenkend, dass der Mensch einen freien Willen hat und daher auch immer die Richtung ändern kann.

Dabei gilt auch die wunderbare Tatsache, dass niemand den Weg des Anderen gehen kann und jede*r aus ihrer*seiner Perspektive die bestmögliche Lösung oder Erkenntnis extrahiert und alle diese Ergebnisse gültig und damit richtig sind. Und trotzdem, geht es auch immer darum, das Beste zu wollen und danach zu streben sein Bestes zu geben. Nur dann wird es ein Meisterwerk und nur dann hat der Mensch diese unvergleichliche Zufriedenheit, die entsteht, wenn sie*er etwas Relevantes geschaffen hat.

Ich habe das Prinzip von Campbells Heldenreise in der Geschichte von Alina aufgegriffen. Gemeinsam mit den Wachstumsprinzipien entsteht ein Modell, um menschliche Entwicklung und der Paradigmenwechsel in einem digitalen Umfeld zu verstehen.

## Der Ruf

Es war der 15. März 2020, der Tag an dem Alina, kurz Al genannt, in ihrem Büro in Norddeutschland saß und online in den News las, dass in Österreich ein Lockdown verhängt wird. Das in einem demokratischen Land mit Grenze zu Italien und ausgelöst von dem neuen Virus. In Deutschland wurde noch diskutiert, Ausgangsbeschränkungen gab es aber auch bereits.

Sie war zu dem Zeitpunkt die Chefin der Innovationsabteilung einer deutschen Reederei, die Ihren Europasitz in Italien hatte. Ganz fremd waren ihr die Geschehnisse also nicht. Es war befremdlich, wie dieser Virus attackierte und grade in Nord-Italien richtig viele Menschen dahinraffte.

Durch die globale Reisetätigkeit hatte er sich rasant auf der Welt verteilt. Die Ohnmacht, die sich dadurch verbreitete, ließ sie aufhorchen. Diese menschliche Regung und ihre Kraft waren ihr die letzten Jahre sehr vertraut geworden.

Eigentlich war sie zuständig, das Reiseerlebnis auf den Schiffen mit digitalisierten Services aufzuwerten und dabei effizientere Bemannung zu ermöglichen.

Damit war sie ganz schön an Grenzen gestoßen in den letzten Jahren, denn so gut ihre Abteilung auch arbeitete, die Schnittstelle zwischen Menschen und Maschinen hatte nicht nur positive Resonanz.

Die Schiffe glichen einem Urlaubsressort auf einer Insel, die fährt. Unheimlich praktisch erschienen da die Buchungs-Terminals an Bord, an denen man mit der Bordkarte Ausflüge buchen, Restaurantbesuche reservieren und auch SPA Anwendungen bezahlen konnte.

Sie waren begeistert aufgenommen worden. Hatten allerdings auch ihre Tücken. Manchmal standen Menschen verzweifelt davor, wenn sie einfach nicht verstanden, dass immer wieder ungewöhnliche Ausfälle auftraten. Dann kam Frust auf.

Was keiner vermutet hatte, war die daraus resultierende Herausforderung: es hatte sich etwas Neues entwickelt, nämlich dass die Rezeption, die vorher für Buchungen zuständig war, von einem Hilfecenter zu einem Beschwerdecenter geworden, leider durchaus auch zu einem „Ich-schrei-den-an-der-Rezi-jetzt-einmal-an-und-mir-ist-dann-leichter“ Center. Die Leute kamen nur noch dann zu den freundlichen jungen Menschen, wenn sie bereits so frustriert waren, dass sie ihre überschießenden Emotionen loswerden mussten. Und die jungen Menschen, meist am Anfang ihrer beruflichen Laufbahn, waren hoffnungslos von der Heftigkeit, mit der sie für etwas, das außerhalb ihres Einflussbereiches lag, attackiert wurden, überfordert.

Alina hatte sich also bereits seit längerem mit dem Thema beschäftigt, wie Menschen sich fühlen, wenn sie vor etwas standen, das ihnen zur Unterstützung dienen sollte und genau das

Gegenteil geschah. Sie schienen so etwas wie Ohnmacht zu entwickeln, und das mündete ihn Frustration, Aggression oder Beschwerden.

Dieser Nebeneffekt der Innovationen hatte sie zutiefst betroffen gemacht, weil die Intention ja genau das Gegenteil gewesen war, von dem was passierte – sie sollten der Erleichterung und der Freiheit dienen, keine langen Schlangen vor der Rezeption mehr, ein Überblick auf die Auswahlmöglichkeiten und das gesamte Angebot. Sie hatte nur nicht damit gerechnet wie viele die Terminals nicht bedienen konnten. Auch nicht, dass die Terminals auf die Stromschwankungen der Stromgeneratoren empfindlicher reagierten als gedacht und immer wieder einmal ausfielen. Vor allem die emotionale, menschliche Komponente hatte sie zu interessieren begonnen. Worüber ärgerten sich die Passagiere eigentlich? Warum empfanden sie so etwas wie Feindschaft zu einer Maschine, wenn sie einmal nicht funktionierte? Warum dachten sie überhaupt, dass sie selbst und nicht die Maschine schuld am Nicht-Funktionieren waren?

Menschen schienen unlogisch und unberechenbar zu werden, wenn sie etwas Absehbares plötzlich nicht mehr beeinflussen konnten.

Mit dieser Frage hatte sie sich auf den Weg gemacht, um mehr darüber zu erfahren und die Customer Experience mit den Antworten zu bereichern. Dumm und ohnmächtig wollte sie nämlich niemanden an Bord zurücklassen und ihre jungen Kolleg*innen sollten auch wieder gern an der Rezeption stehen.

# Notizen und Gedanken

## Die Angst

Die Technikerin hatte sich also mit Gefühlen und der menschlichen Funktionsweise, auch Psychologie auseinandersetzen müssen.

Das war ihr gar nicht geheuer zu Beginn. Für sie gab es da immer diese Verbindung zu dem Urgespenst in der IT – menschliches Versagen. Es war in ihrer Welt der Inbegriff von Unsicherheit. Sie verließ sich lieber auf ihre Geräte, die eindeutige und zuordenbare Ergebnisse ausspuckten.

In dem vorliegenden Fall war es anders, hatte sie doch eher technisches Versagen beobachtet, das eng verknüpft war mit nicht menschengerechten, also wenig intuitiven, Menüführungen. Und um das zu lösen, musste sie neue Wege gehen und es wagen, Neues zu denken.

Das triggerte ihre Angst vor den unergründlichen menschlichen Untiefen und forderte ihren ganzen Mut, trotzdem nachzuforschen.

Tapfer hatte sie sich aufgemacht und war auf Future Skills Farming gestoßen. Der Bereich MUTIG MenschSEIN hatte sie fasziniert. Sie hatte sich entwickelt, sich selbst und andere spielerisch erforscht und wirklich Interessantes kennen gelernt.

Da war sie selbst und ihre Überzeugungen: sie hatte sie über Bord werfen müssen, denn Menschen und ihre Gefühle waren gar nicht so unberechenbar wie sie dachte. Allerdings recht komplex.

Sie hatte gelernt, dass es immer um Sicherheit, Anerkennung und Wirksamkeit ging und dass der Sinn und die Steuerbarkeit des eigenen Handelns eine zentrale Rolle spielen. Wenn diese Grundbedürfnisse erfüllt waren, wurden Menschen plötzlich erfinderisch und lösten Probleme konstruktiv,

## Der Mut

Diese Erkenntnisse hatten ihr Mut gemacht. Ihr eigenes Leben war ganz neu gestaltet, mit dem Ergebnis, dass ihre Beziehungen herzlicher geworden waren. Sie empfand regelmäßig so etwas wie Geborgenheit, Freude und Zuversicht. Ihre Freunde bestätigten ihr sogar, dass sie schöner geworden sei. Das verstand sie nicht ganz, aber es sollte ihr recht sein.

Wichtiger war ihr persönlich, dass sie viel mehr Freude in ihrer Arbeit empfand, denn plötzlich war sie beseelt von dem Gedanken, dass sie Urlaube schöner machen konnte, dass sie anderen dienen konnte mit den Technologien, die sie zur Verfügung stellte. Und dass sie Menschen ein Erfolgserlebnis geben konnte, wenn die Menüführung der Buchungs-Terminals an die menschlich, komplexe und ambivalent, emotionale Denkweise angepasst wurde.

## Dämonen und Schwellenhüter

Und dann kam dieser 15. März. Intuitiv war Alina in der Sekunde klar, dass es ein einschneidendes Datum für die Kreuzschifffahrt sein würde und dass es plötzlich nicht klar war, ob die florierende Branche diesen Umbruch überleben würde.

Viren waren immer schon eine Gefahr auf Schiffen. Die Reisenden und die Crew waren eine immunologische Gemeinschaft, in der sich nur allzu schnell durch Türklinken und enges Sitzen in den Bars Viren ausbreiten konnten. Noroviren an Bord waren immer eine mittlere Katastrophe gewesen. Und jetzt dieses neue Virus.

Wenn wirklich vorrangig körperliche Distanz die Lösung aller Probleme sein sollte, dann war absehbar, dass ihre Branche ernsthaft gefährdet war.

Das Geschäftsmodell ist ein risikoreiches. Ein Schiff zu betreiben ist ein teures Unterfangen und darauf ausgelegt, dass ein Schiff 365 Tage im Jahr unterwegs ist und das möglichst ausgebucht.

Keiner wollte dieser Wahrheit ins Auge sehen, Al war aber mutig geworden. Sie wagte es, sich die neuen Gegebenheiten konkret vorzustellen und auf das Erlebnisempfinden an Bord umzulegen.

Wenn die Passagiere nämlich bereits im Vorfeld diese Ohnmacht empfanden, dem Virus an Bord wehrlos ausgeliefert zu sein, würden sie dann die bereits gebuchten Reisen jemals antreten?

## Die mutige Macht

Alina hatte mit ihren grundlegend neu gedachten und im Ergebnis erfolgreichen Überarbeitungen der Buchungs-Terminals an Bord einiges an Lob eingeheimst, sie hatte ihre Kraft entdeckt und sie fühlte sich daher stark und mutig.

Nicht, dass sie eine Antwort auf die neuen Fragen hatte, aber sie hatte gelernt, dass man Dinge einfach anders angehen musste, wenn man andere Ergebnisse erzielen wollte.

Sie fragte nicht, sondern teilte ihrem Chef einen Vorschlag mit, dass das Wort Innovation in ihrer Abteilung ab jetzt nicht nur im technischen Bereich gelten sollte, sondern, dass sie mit ihrer Abteilung eine Lösung für den Umgang mit der

Pandemie in Bezug auf die Reisen an Bord finden werde. Baff und positiv überrumpelt, sagte er ja, holte das Go der Geschäftsleitung ein und Alina konnte beginnen.

Alina holte sich zum zweiten Mal Verbündete von außen an Bord, also, besser gesagt, in die Innovations-Abteilung. Ein Trio, das sich Transformation-Pilots nannte und sie bereits beim ersten Mal, als die Menüführung neu gedacht werden musste, begleitet hatte.

Sie waren Experten im Wege erkunden, im Fragen stellen, arbeiteten mit den Prinzipien der Heldenreise und waren unschlagbar im intuitiven Herausfiltern von möglichen und funktionierenden Lösungsvarianten.

Überzeugt hatte sie bei dem Trio, das sie alle drei aus verschiedenen Grundberufen kamen: ein IT-Experte, ein Philosoph und eine Künstlerin, die alle drei Unternehmensberater und Coaches waren. Also nicht nur Fährtengeher, Explorer und Out-Of-The-Box Denker waren, sondern auch Kommunikationsprofis, die den Mut hatten, erst zuzuhören und dann hinein zu spüren was sich zeigte. Und erst dann fassten sie das, was sich dabei auftat, in Worte und Bilder.

Das so Gefundene würde dann zur Freigabe mit der Geschäftsleitung aufbereitet werden.

Erst wurden die Rahmenbedingungen geklärt, bereits hier auf neue Art und Weise. Man vereinbarte ein Ziel, das eher als Purpose oder Vision zu bezeichnen war. Es ging darum, einen sicheren und genauso qualitätsvollen Urlaub zu gestalten, bei dem alle gesetzlichen Auflagen erfüllt wurden und die Menschen sich dabei frei fühlen und genießen konnten. Alina hatte ein Innovationsbudget zur Verfügung, mit dem gespielt werden konnte und man hatte zeitliche Meilensteine vereinbart, zu denen der aktuelle Stand gemeinsam evaluiert wurde und der Weg gegebenenfalls angepasst werden würde, gemeinsam.

Ihre Rolle war plötzlich eine der mächtigsten im Unternehmen und war von einem Tag auf den anderen richtungsweisend für die Zukunft der Branche. Und Alina war darauf vorbereitet, sie konnte ihr Potential abrufen, sie hatte den Mut, diese Verantwortung zu übernehmen. Und sie wusste auch, wo sie sich Unterstützung und Rat holen konnte, wenn die Zweifel oder die Angst vor der eigenen Courage drohten, doch einmal übermächtig zu werden.

## Die mutige Liebe

Das beeindruckendste in ihrer Entwicklung zu einem mutigen Menschen war für Al der Aspekt der Liebe, den sie entdeckt hatte. Sie schien so etwas wie eine „eierlegende Wollmilchsau Haltung" zu wirken, die die Voraussetzung für ein Gelingen der Innovationsentwicklung war. Und zwar eine mutige Liebe, die bei Rückschlägen nicht aufgab, wenn sie überzeugt war, am richtigen Weg zu sein. Und die gleichzeitig auch genau hinhörte, ob sie noch am richtigen Weg war und erst wenn das mit Ja beantwortet wurde, ging sie den nächsten Schritt.

Es war ihr ein Anliegen geworden, über diese Liebe zu sprechen. Es handelte sich dabei nicht um die romantische Liebe, auf Altgriechisch Eros, sondern um einen kultivierten Mix aus

Agape, also Liebe zu der man sich entscheidet und die einfach ans Gelingen glaubt und Pragmatismus, der sich an die Umsetzung macht, mit möglichst wenig Aufwand aber genug Detailverliebtheit um komplexen Aufgabenstellungen gerecht zu werden. Und für Alina musste sich dazu ein Schuss Verspieltheit gesellen, weil sie die Leichtigkeit reinbringt, auch dann weiterzuforschen, wenn man intuitiv spürt da geht noch was.

Ihr war schnell klar geworden, dass sie mit dieser Haltung eine Vision verfolgen würde: nämlich, dass sie es möglich machen würde, die Qualität des Reisens mit einem Schiff, Menschen weiterhin zugänglich zu machen.

In einer Zeit, in der so viele Menschen Entspannung brauchen, würde sie es mit ihrem Team schaffen, das Motto „wenn du es eilig hast, dann gehe langsam" in ein Schiffsreisen-Konzept umzusetzen. Und das eingebettet in hygienisch einwandfreie Abläufe, Schnelltest und alles was sich da noch auftun würde, im Zusammenhang mit diesem Virus. Das Ergebnis würde eine Liebeserklärung an langsames

Reisen mit der ausgleichenden Kraft des Wassers sein, eingebettet in ein umweltverträgliches, finanziell gangbares Konzept, möglichst menschengerecht und prosperierend.

Sie wusste, da würde etwas komplett Neues entstehen und sie begann, sich darauf voller Vorfreude einzustimmen. Täglich wurde das Bild klarer.

Die Transformation-Pilots hatten für sie und ihr Team Aufgaben vorbereitet, die sie erfüllen mussten, um Referenz-Erfahrungen zu machen. Die benötigten sie, um die Hygiene Maßnahmen zwar pragmatisch, aber dennoch ganzheitlich zu integrieren. Sie sollten die Qualität des Reiseerlebnisses erhöhen und nicht beschränken.

Und Alina begann mit ihrer ersten Aufgabe: Sie begann damit, ihrem Team die Gefühle zu beschreiben, die ein Gast empfinden sollte, wenn sie*er an Bord kam: sie*er sollten sich physisch sicher sein können, dass sie*er gesund bleiben würden, und gleichzeitig sollte der Geist inspiriert werden. Das betraf auch die Ausflüge, die Shows im Theater an Bord und die Restaurants, deren Menschenmenge zu Stoßzeiten im Sinne des physical distancing neu gedacht werden mussten.

Hier endet die Heldenreise vorerst.

Alina ist mitten in ihrem zweiten Zyklus der Heldenreise. Sie hatte ja ihren ersten bereits beendet, als sie durch die Pandemie bereits auf den Weg zur nächsten Reise geschickt wurde. Noch ist sie unterwegs. Es ist nämlich gar nicht so leicht ein großes Unternehmen und alle Kolleg*innen dazu zu bewegen, so radikal neu zu denken. Aber da sie, wie alle Future Skills Farmer, sich entschlossen hat, bedingungslos ans Gelingen zu glauben, wird sich ein Weg finden.

Hier beschäftigen wir uns jetzt aber damit, wie dieser Weg, den sie gegangen ist, ausgesehen hat.

# NEUES DENKEN WAGEN II

## FUTURE SKILLS FARMING

### MUTIG MENSCHSEIN UND MEHR

Future Skills Farming beinhaltet zwei Aspekte. Ein von mir entwickeltes Haltungs-, Handlungs- und Denkmodell, das Neues Denken wagt und allen unseren Services zugrunde liegt.

Und die Handlungsfelder in denen wir uns als Anbieter von Entwicklungsbegleitung bewegen:

- Transformation-Pilots, als Begleitung für komplette Umstellungen des Geschäftsfeldes
- Innovation-Pilots, Begleitung, um Innovationen, die die Welt braucht, zu entwickeln
- Kultur Entwicklung, Begleitung und Beratung von der Krise zu einem zukunftsfähigen Unternehmen
- Future Skills Farming Academy, wo Entwicklung und Begleitung von Future Skills Farmern stattfindet

Unsere Philosophie ist, dass Zukunftsfähigkeiten nicht wie im üblichen Fort-Bildungsweg ein- oder mehrmals gehört und dann eingesetzt werden können, sondern entwickelt werden. Wir sehen das als Anbau, Kultivierung und Ernte, sowie als weiteren Entwicklungsschritt, die Veredelung der Ernte. Diese Prozesse wiederholen sich zyklisch.

Es mag komplex erscheinen, das alles im Arbeitsalltag zu beherzigen, ist es für den geübten aber nicht. Ich kann Sie daher nur ermutigen, sich auf den Weg zu machen und Neues zu denken wagen.

Denn daraus entstand ein Führungsansatz und ein Trainingsansatz, die sich bewähren.

Und da es für den Rest des Buches wichtig ist, das Konzept von Future Skills Farming zu verstehen, hier eine kurze Erklärung wie diese Entwicklung und die dahinterliegende Haltung, das Handlungs- und das Denkmodell funktionieren.

Mit dem Bild des Ackerbaus und eines nach biologisch-dynamischen Prinzipien wirtschaftenden Anbauprozesses hoffe ich, ein Bild schaffen zu können, das für unsere kollektiven Bilder funktioniert und mit dessen Hilfe wir über eine neue Form der wirtschaftlichen und menschlichen Entwicklung kommunizieren.

Es sind archetypische Bilder, die uns auf der ganzen Welt begleiten, weil Ackerbau als Entwicklungsstufe nach dem Jäger- und

Sammlertum den Grundstein für unsere Zivilisation gelegt hat. Parallel wird die kreislaufartige Entwicklung auch aktuell als Modell für wirtschaftliche Nachhaltigkeit geschätzt. Das Bild passt also auch im Zusammenhang mit einer neu gedachten Wirtschaft.

Der biologisch-dynamische Ackerbauer oder Farmer weiß um den Boden, den Samen, gesunden Dünger und den Erntezeitpunkt, die Transformation nach der Ernte sowie darum, dass erst durch die Veredelung der Ernte wirkliche Wertschöpfung generiert werden kann. Alles passiert im Kreislauf der Natur, mit dem Know-how des Fachmannes, einer natürlichen Ethik, mit einer gesunden Portion Intuition und gelebter energetischer Transformation.

Future Skills Farming arbeitet mit

- Phasen der Entwicklung, die sich zyklisch wiederholen und dabei verfeinert werden

- drei Know-how-Säulen, die man in jeder Entwicklungsphase braucht, um eine gute Ernte einzufahren
- als weiterführende Entwicklungsphase geht alles einen nächsten Schritt. Dafür dient das Bild des Veredelns, das wieder alle drei Know-how-Säulen benötigt, um zum Produkt oder der Innovation zu werden, das*die die Welt braucht

Das Modell kann auf die Wirtschaft, im speziellen auf ein Unternehmen und die Tätigkeit als Führungskraft, auf Prozesse und Menschen im Bildungswesen oder auch im Großen auf das Leben und seine Entwicklung angewendet werden.

# Notizen und Gedanken

## NEUES DENKEN WAGEN

Denkt man diese Gedanken weiter, wird klar, dass der Erwerb von Zukunftsfähigkeiten ein recht grundlegendes Umdenken im Bereich Aus- und Weiterbildung erfordern. Sie r-evolutionieren in unserem Fall den Bereich des Wirtschaftstrainings, da sie nicht einfach als Fertigkeiten in einem oder zwei Tagestrainings oder einem Vortrag erlernt werden können, sondern entwickelt und gepflegt – kultiviert - werden müssen.

Das Ziel ist es, jene Fähigkeiten – Future Skills – zu entwickeln, die wir brauchen, wenn wir Wirtschaftsreibende uns als Teil der Gesellschaft sehen und auch in unserem Bereich der Wirtschaft eine lebenswerte Welt mitgestalten wollen, die auch unseren Kindern und Enkelkindern Halt und Sinnhaftigkeit bietet.

Nur mit kontinuierlicher Pflege aller drei im Anschluss beschriebenen Know-how-Säulen kann eine gesunde Kreislaufbewirtschaftung entstehen, die die drei ebendort beschriebenen Entwicklungsphasen Anbau, Kultivierung und Ernte berücksichtigt.

Als jeweils weiterer Schritt entstehen - beim Veredeln - Innovationen, die die Welt braucht, neue Geschäftsmodelle, besser funktionierende Teams und/oder weise und charismatische Leader, mit denen Mitarbeiter gern in Resonanz gehen.

## Notizen und Gedanken

Entwicklungszyklen nach Future Skills Farming / Karola Sakotnik – hier die sieben Phasen eines Zyklus. Veredeln ist gleichzeitig der Beginn eines neuen Zyklus

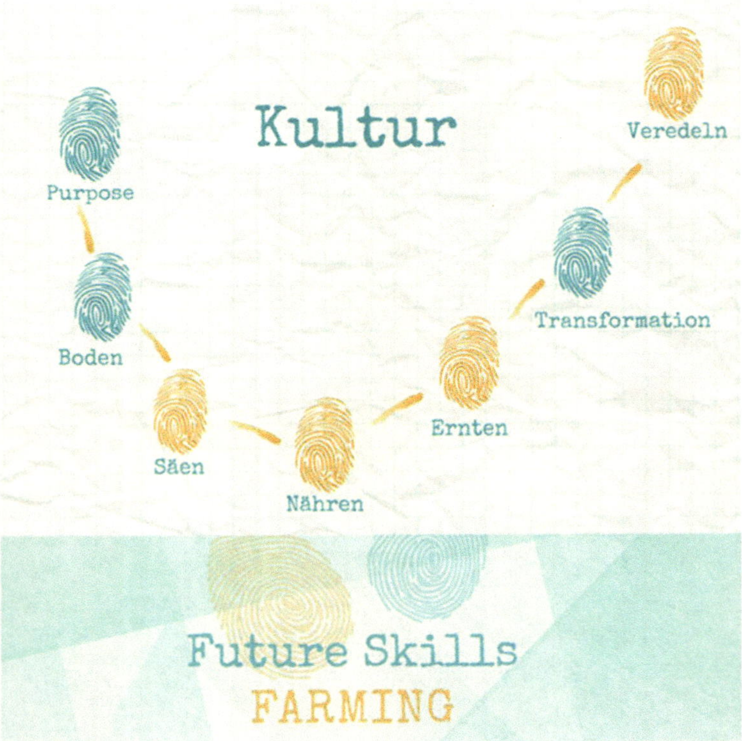

## DIE SIEBEN PHASEN DER ZYKLISCHEN ENTWICKLUNG

Wie vorhin beschrieben, wählen wir Future Skills Guides Bilder. Die Worte allein haben meist für jeden eine unterschiedliche Bedeutung und es entstehen Missverständnisse.

### PURPOSE - VISION

Der erste Schritt ist für uns Menschen unser WHY – übersetzt das „WOZU“ wir etwas tun. Ohne diesen Motor werden wir in unserer Heldenreise schnell aufgehalten. Dieses Wozu gibt uns immer wieder Richtung und Grund weiterzumachen, auch wenn es unmöglich erscheint. Und es unterstützt uns, auch einmal aufzuhören, wenn die Richtung nicht stimmt. Die Kunst ist es, dieses WHY so zu bestimmen, dass es uns unterstützt und nicht einengt. In der Regel funktioniert das am besten, wenn wir ein Gefühl benennen können, wie sich das Ergebnis anfühlt.

## Boden

Um Wachstum zu ermöglichen, ist es unerlässlich, dass der Boden gut aufbereitet ist. Ein reiches Mikrobiom, essenzielle Mikroorganismen und viele Nährstoffe, die aufgespalten werden können. Dazu braucht es – um im Bild der Landwirtschaft zu bleiben – regelmäßige Gründüngung, ein Auflockern des Bodens und ein achtsames Belüften des Bodens.

## Säen

Der nächste Schritt ist das Säen. In der Übersetzung im Bereich MUTIG MenschSEIN bedeutet das, uns selbst zu entwickeln. Artgerecht und unter Berücksichtigung aller menschlichen Intelligenzen.

In der westlichen Welt entwickeln wir vor allem unsere kognitiven Fähigkeiten. Dieses hochspezialisierte und einseitige Wissen hat uns im Bereich der Wirtschaft in eine Pattstellung gebracht, die wir dringend verändern müssen, um einen Kollaps zu verhindern. Damit wir eine gelungene Zukunft gestalten können, geht es darum, wieder ein Bewusstsein für menschliche Werte und Fähigkeiten zu schaffen.

## NÄHREN: WACHSEN & KULTIVIEREN

Ist der Samen einmal im Boden, muss die junge Pflanze gepflegt werden. Vor dem gröbsten beschützt, im Einklang mit der Natur. Mit einer Nahrung – dem Dünger – versorgt, die nicht nur ihr guttut, sondern auch den Boden nährt. Organisch und am besten aus mit effektiven Mikroorganismen kompostierten, selbst kultivierten Abfällen, übersetzt in ein menschliches Leben: unseren Erfahrungen. Und auch einmal zurückgeschnitten, wenn es förderlich ist. Damit wird ein Kreislauf kultiviert, der in jedem Lebensbereich angewendet werden kann.

## ERNTEN

Dann geht es ans Ernten. Denn gerade in der Wirtschaft ist es wichtig eine Frucht zur Reife zu bringen, zu ernten und im Idealfall dann auch noch ein Meisterwerk daraus zu kreieren. Dazu braucht man Helfer, die man bereits zum Zeitpunkt der Aussaat einbindet, denn spätestens beim Ernten sind sie lebensnotwendig.

## TRANSFORMATION

Sobald die Ernte eingefahren ist, geschehen unterschiedliche Prozesse. Entweder sie wird zeitnah verarbeitet, sie lagert oder sie fermentiert oder sie trocknet. Auf jeden Fall verändert sie sich zu einem wertvollen Rohstoff für Weiteres. Hier reift sie zu ihrer wahren Größe - oder verdirbt. Ähnlich geht es uns Menschen, wenn wir in wichtigen Entwicklungsschritten, diesen Prozessschritt vergessen. Und auch einem Unternehmen geht es so.

## Veredeln - der nächste Zyklus

Der nächste Zyklus beginnt beim Veredeln. Aus der Ernte wird, wieder unter Einhaltung aller drei Wachstumssäulen, etwas Neues geschaffen. Abfälle werden wieder in den Boden eingearbeitet.

Auf den Menschen umgelegt bedeutet das: Erfahrungen werden integriert, neue gemacht und alles wird ein Stück reicher und fruchtbarer.

Die drei Know How Säulen nach Future Skills Farming/ Karola Sakotnik. Zukunftsfähigkeit entsteht, wenn jede Säule entwickelt wird. Für Future Skills Farmer eine kontinuierliche Arbeit am eigenen Know-How

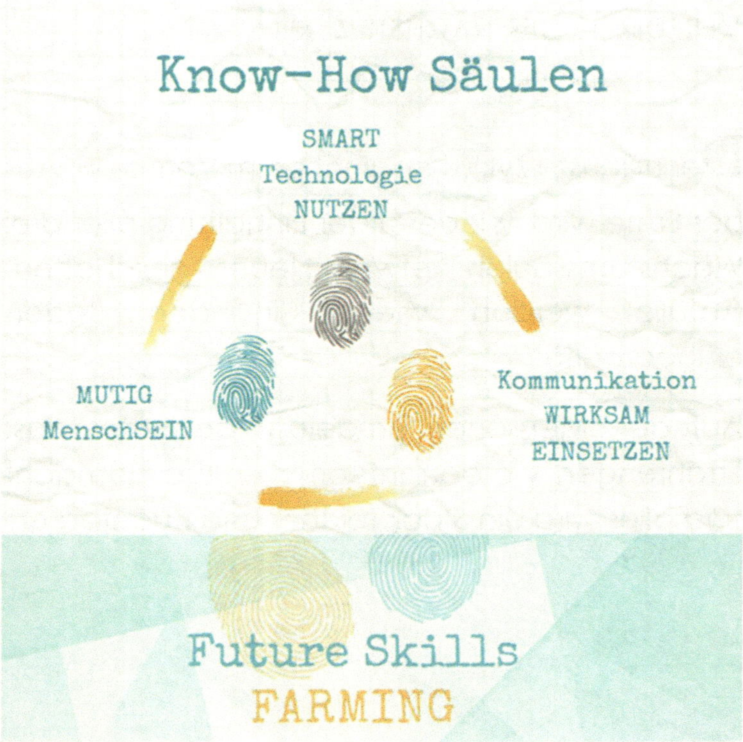

## Die drei Know-how Säulen von Future Skills Farming

Der Anbau von und die Ernte durch Zukunftsfähigkeiten basiert auf drei Know-how-Säulen, die sich auf die Fähigkeiten der handelnden Personen beziehen:

- MUTIG MenschSEIN
- SMART Technologie NUTZEN
- Kommunikation WIRKSAM EINSETZEN

## MUTIG MENSCHSEIN

MUTIG MenschSEIN - das ist eine Lebens- und Arbeitshaltung. Sie bedeutet, sich der menschlichen Besonderheiten bewusst zu sein und sie zu kultivieren, um eine Welt zu gestalten, die lebenswert ist. Das beinhaltet auch, ein Bewusstsein zu erarbeiten, um unsere Arbeitswelt zukunftsfähig zu gestalten. Eine Welt, in der artgerecht für Menschen gearbeitet und gelebt wird. Dieses Bewusstsein hilft auch dabei, in Zeiten der Transformation offen und inspiriert zu bleiben, weil jetzt die Grundlagen gelegt und die Ideen geboren werden, die unser Überleben sichern.

## SMART TECHNOLOGIE NUTZEN

Damit Digitalisierung gelingen kann, ist es notwendig, zu verstehen wie Technologie funktioniert. Man muss nicht programmieren können, aber da künstliche Intelligenz und deren mögliche Wirksamkeit sich aktuell sehr stark entwickeln, ist es zentral, dass gerade

Führungskräfte verstehen, was sie sich von Technologie erwarten können und warum es so wichtig ist, dass wir uns als Spezies Mensch entwickeln, um das gesamte digitale Potential so einzusetzen, dass es uns wirklich nutzt.

## Kommunikation wirksam einsetzen

Ein gemeinsames Bild schafft Realität - und erleichtert Kommunikation. Wie erzeugt an allerdings gemeinsame Bilder? Für uns bedeutet das, dass wir online und offline mit unterschiedlichen Techniken Bilder erzeugen und deren Kraft nutzen. Dazu gehören

- gezeichnete Visualisierungen
- der jeweiligen Kultur entsprechende Archetypen
- intuitive Visions-Reisen
- Embodiment Techniken

# Notizen und Gedanken

# NEUES DENKEN WAGEN III

## MUTIG MENSCHSEIN – DER WEG

MUTIG MenschSEIN ist eine Haltung.

Als Erinnerung, hier noch einmal die Definition von vorhin:

MUTIG MenschSEIN - das ist eine Lebens- und Arbeitshaltung. Sie bedeutet, sich der menschlichen Besonderheiten bewusst zu sein und sie zu kultivieren, um eine Welt zu gestalten, die lebenswert ist. Das beinhaltet auch, zu klären, was wir als lebenswert erachten. Daraus sollten wir uns ein Bewusstsein erarbeiten, um unsere Arbeitswelt zukunftsfähig zu gestalten. Eine Welt, in der art-gerecht für Menschen gearbeitet und gelebt wird. Dieses Bewusstsein hilft auch dabei, in Zeiten der Transformation offen und inspiriert zu bleiben, weil jetzt die Grundlagen gelegt und die Ideen geboren werden, die unser Überleben sichern.

Bezogen auf die Tätigkeit im Arbeitsprozess und in der Wirtschaft finde ich, Arbeit hat es sich verdient in allem ihrem Wert wiederbelebt zu werden, und zwar abseits des überfokussierten wirtschaftlichen Erfolgs, der nur ein anderes Wort für Gewinnoptimierung ist. Denn das allein reicht nicht mehr.

Es geht um etwas Großes. Und das wird nur gelingen, wenn wir uns entscheiden, unsere Fähigkeiten zu kultivieren und bewusst einzusetzen, um eine Welt zu gestalten, die lebenswert <u>und</u> profitabel ist.

Denn dann können wir Digitalisierung begreifen und vor allem als Ergänzung und Unterstützung für uns nutzen. Dazu gilt es, Verantwortung zu übernehmen, und zwar in der Art, wie wir an uns arbeiten.

Genauso gilt es, eine Transformation, im Sinne eines grundlegenden Wandels zuzulassen, und zwar in allen Bereichen der Arbeitswelt. Ein Nebeneffekt wird sein, dass wir Innovationen entwickeln, die die Welt braucht und ein weiterer, dass wir wieder Menschenwürde und Erfüllung als Werte leben. Das führt in der Regel zu einem erfüllten Sein im Arbeitsprozess und unterstützt auch darin, glücklichere private Beziehungen zu führen.

Mut im Zusammenhang des MUTIG MenschSEIN bedeutet, aktiv Verantwortung für einen angestrebten Zustand zu übernehmen, immer in sich hineinhörend, ob dieser Zustand nur auf egoistischen Gründen erstrebenswert erscheint oder dem großen Ganzen dient.

# Notizen und Gedanken

## Wir Menschen erklären uns gern die Welt

### Wie wir der technokratischen Dysbalance die Stirn bieten sollten

Es begann alles damit, dass man in der griechischen Antike angefangen hat, die Welt nicht nur mit Mythen und Göttern zu erklären, sondern vermehrt wissenschaftliche Thesen als Grundlage formuliert wurden. Das geschah auf unterschiedlichen Ebenen, und brachte große Entwicklungen. Solange, bis der Gehorsam der Wissenschaft gegenüber überhandnahm und vermeintlich Objektives beinahe heiliggesprochen wurde und in Folge zur beinahe alleinigen Basis für Entscheidungs- und Wahrheitsfindung deklariert wurde.

In westlichen Kulturen wurde damit ein Weg beschritten, der heutzutage zu einer einseitigen Weltsicht führt. Diese wiederum löst große Unsicherheit aus, wenn – wie es gerade geschieht – eine Pandemie für Ungewohntes, Unüberprüfbares und vor allem Unwägbares sorgt.

Hier zeigt sich deutlich, wie wenig diese „objektiven“ Ansätze greifen, wenn man plötzlich ohne vorherige Studie handeln muss.

Plötzlich stellt sich die Frage, auf welcher Basis man Entscheidungen trifft. Das bisher benutzte Referenzsystem, das Sicherheit gegeben hat, ist immer öfter in Frage gestellt und trifft in Folge nicht mehr zu.

Aktuell sind wir auf unsere Werte als Entscheidungsbasis zurückgeworfen, und wir müssen fähig sein, diese zu formulieren. Als MUTIGer Mensch gehen wir uns dafür selbst auf den Grund und verspüren ein Bedürfnis, sie klar erläutern zu können, damit sie nachvollziehbare Handlungen nach sich ziehen.

Lassen Sie mich einen noch weiteren Bogen spannen.

Zivilisation bedeutet in einer Arbeitsrealität zu leben, in der sich Arbeitsteilung bewährt hat. Geboren aus dem Bedürfnis, genug zu essen zu haben und der daraus andauernden Unsicherheit, entstand aus dieser Form der Überforderung zu Zeiten der Jäger und Sammler eine Suche nach Ernährungs-Sicherheit. Denn dort wo „jede kleine Einheit alles selbst macht" gibt es kein Solidarsystem bzw. nur in sehr kleinen sozialen Einheiten.

Durch die Entwicklung, Samen, in Form von Getreide, als Nahrungsmittel zu erschließen, entstanden neue Arbeitszyklen, mit Vor- und Nachteilen. Eines gelang jedoch: Größere Arbeits- und Lebenseinheiten wurden etabliert.

Der Anbau und die Ernte haben zu einer tiefgreifenderen Arbeitsteilung geführt. Eine Form der Zivilisation konnte entstehen. Vertrauen und Verlässlichkeit wurden Grundvoraussetzungen, damit das funktionieren konnte.

Viel später wurde Geld als Zahlungsmittel eingeführt, um die unterschiedlichen Leistungen auch gerecht zu entlohnen. Es hat sich dabei als recht praktisch erwiesen, weil es nicht so verderblich war, wie es die vorangegangenen Entlohnungsarten waren, die hauptsächlich in Form von Nahrungsmittel erfolgten.

In der Zeit der industriellen Revolution ist dann ein weiterer großer Schritt im Bereich Arbeitsteilung gemacht worden. Denn durch die Art der Produktion mit großen maschinellen Anlagen und mechanisch-technisierten Herstellungsmethoden hat sich die Realität der Arbeit stark verändert.

Plötzlich war es notwendig, Menschen hochspezialisiert, für teilweise recht eintönige bis langweilige Arbeiten einzusetzen. Man konnte deutlich voraussagen, was denn alles an Produktivität möglich wäre, wenn man nur den ausführenden Faktor Mensch optimieren könnte.

Eine neue Form der Talentsuche hielt Einzug. Sie basierte auf dem Gedanken, dass Arbeiter*innen die Lösung für Gewinnoptimierung sein könnten, wenn sie nur möglichst redlich und fleißig ihre Fertigkeit in einem zeitlich möglichst großen Umfang zur Verfügung stellten.

Das ging so weit, dass man angefangen hat, Talente daraufhin zu untersuchen, wer welchen Bewegungsablauf besonders gut, das heißt fehlerfrei und dauerhaft, leisten kann.

Wie das in der Realität geschah? Es wurden bei dem Bewegungsexperten und Tänzer Rudolf Laban in der Zwischenkriegszeit Studien beauftragt. Sie sollten objektiv erforschen und belegen, welche Bewegungsabläufe für welchen Menschentypen am besten zu erfüllen sind, ohne dass der Mensch frühzeitig ausfällt. Laban wusste rasch, dass es dabei nicht nur um Bewegungsabläufe ging, sondern auch um Aspekte wie Fehler, die aus lauter Eintönigkeit passieren oder Ausfälle, die durch einseitige Belastung krankheitsanfälliger machten.

Dann kam der zweite Weltkrieg und nicht nur unermessliches Leid brach über die westliche Welt herein, sondern es ging auch ganz viel Wissen verloren.

Es hatte sich inzwischen auch erwiesen, dass die obengenannte Eintönigkeit von Arbeiten und die wenigen Ruhepausen Krankheiten und Abnützungen des Skeletts und somit teuren Arbeitskräfte-Ausfall nach sich zogen. Daraus entstanden sehr hoher monetärer Entgang, gesellschaftliche Folgekosten aber vor allem auch soziale Unruhen.

Genau deshalb oder vielleicht gerade trotzdem: Der Gedanke des artgerechten Umgangs in der Arbeitswelt war geboren und wurde nach dem Krieg im Bereich der Arbeitsmedizin weitergetragen. Allerdings immer unter der Prämisse, dass es darum geht, die eingesetzten Menschen leistungsfähiger zu machen, nicht, dass artgerecht handeln ein Schlüssel zum Zweck sein könnte.

In der damals vorherrschenden Arbeits-Kultur wurden Menschen als Produktionseinheit gesehen und nicht als Wesen. Das hat sich bis heute gehalten.

Und in diesem Zusammenhang bietet sich mit der Digitalisierung, meiner Meinung nach, eine große Chance hin zu art-gerechter Wertschaffung. Warum das so ist, erfahren sie im nächsten Kapitel.

Notizen und Gedanken

# Digitalisierung

## Die tiefste Transformation der Arbeitswelt seit der Industriellen Revolution

Wir stehen mit der Digitalisierung also wieder mitten in einem tiefen Umbruch. Und die COVID19 Krise hat diesen Prozess beschleunigt. Für mich als digitale Befürworterin ein Eldorado, weil es wie in meinem Fall plötzlich viel einfacher geworden ist, mit meiner Expertise zu arbeiten – und online Seminare anzubieten.

Ich plädiere allerdings dafür, den gesamten Online Bereich gleich zu Beginn des Booms menschenwürdig zu denken und dementsprechend zu gestalten. Bei Future Skills Farming gehen wir da neue Wege und das zur Freude unserer Teilnehmer_innen.

## Was kann die Digitalisierung?

Die Digitalisierung fordert Entscheidungen von uns: wollen wir uns den von uns geschaffenen künstlichen Intelligenzen unterordnen oder wollen wir sie steuern, mit ihnen zusammenarbeiten und vor allem: souverän begegnen? Für letzteres setze ich mich ich. Das erfordert allerdings ein komplett neues Repertoire an Können und Wissen.

Warum das so ist? Das hat mit der unterschiedlichen Art, wie Mensch und Computer Informationen verarbeiten, zu tun.

Schnell erläutert: Ein Computer arbeitet sequenziell. Das bedeutet er trifft immer die Entscheidung zwischen 0 und 1. Es gibt nur einander ausschließende Tatsachen in der Beurteilung einer Information. Damit ergibt sich immer auch ein richtig oder falsch, weiß oder schwarz, ja oder nein.

Der Mensch verarbeitet Informationen allerdings komplex, empathisch, ambivalent und kreativ. Und das ist ihr*sein großes Talent. Wenn wir dann auch noch lernen, diese Komplexität und Ambivalenz zu unserem Vorteil zu nutzen, dann wird es spannend. Wichtig ist dabei, uns selbst oder jemand anderen, wenn wir uns als menschlich bezeichnen nicht als schwach oder fehleranfällig zu sehen. Für uns geht es nicht um ja oder nein, sondern sowohl als auch!

## Ein radikaler Kulturwandel

In dieser neuen Welt geht es nicht um Fertigkeiten, Kompetenzen und kognitives Wissen, sondern um die Frage, was wir Menschen mit unserer Empathie, Kreativität, Ambivalenz und Komplexität gut können und was ein Computer mit der sequenziellen Informationsauswertung kann. Wie immer in einem Kulturwandel bedeutet das also, tief hinein zu tauchen in das, was beide Seiten ausmacht.

## UNSERE BILDUNG SPIELT DABEI EINE ZENTRALE ROLLE

Im Schulsystem bedeutet das, dass wir neue Curricula brauchen. Unsere Kinder müssen zu Entdecker*innen werden und neugierig sein, wie das System Mensch funktioniert, genauso wie das System Technologie und künstliche bzw. digitale Intelligenz funktioniert. Und es ist wichtig, dass sie lernen, wie man kongruent darüber kommuniziert.

Im Produktivitätsprozess bei uns Erwachsenen, vor allem wenn er erfolgreich zu einer prosperierenden Wirtschaft beitragen soll, haben wir eine Verantwortung. Wir dürfen nicht länger nur Umsatz und Gewinn als Erfolgsprämissen definieren, sondern sollten den Begriff Erfolg mit anderen Faktoren ergänzen. Auch hier ist es wichtig, dass wir schnell begreifen, was uns Menschen ausmacht und wie wir diese Eigenschaften bewusst einsetzen können. Wozu? Um eine Welt zu gestalten die lebenswert ist, auf allen Ebenen. So eine Welt können wir dann unseren Kindern und Kindeskindern hinterlassen.

## Tiere müssen artgerecht gehalten werden, gilt das auch für uns Menschen?

Ich habe einen Hund und im Haustier Bereich gibt es recht klare Vorschriften und Prinzipien, was denn artgerechte Haltung angeht und wie artgerechter Umgang aussieht. Das wird in der Stadt erstaunlicherweise aktiver gelebt als am Land, aber auch hier gibt es ein Bewusstsein, dass Haustiere nicht nur als Nutztiere zu behandeln sind. So gehören z.B. Kettenhunde fast gänzlich der Vergangenheit an. Gott sei Dank!

Manchmal frage ich mich allerdings, ob wir dieses Bewusstsein auch für uns haben. Für die Spezies Mensch…

Oder halten wir uns eher als Nutztiere, die leistungsoptimiert und mit viel chemisch optimiertem Kraftfutter Übermenschliches leisten sollen?

Ich bin mir da nicht so sicher. Mein Eindruck ist, dass wir gerade in der Wirtschaft, meinem Hauptarbeitsbereich, oft nicht mehr wissen, warum etwas getan wird, warum jetzt wieder ein Prozess optimiert wird. Ich beobachte auch, dass oft die Zusammenhänge und das warum wir Dinge tun, ganz in Vergessenheit geraten sind.

# Im Kreislauf der menschlichen Besonderheiten arbeiten

## Erfüllte physische Grundbedürfnisse sind nicht genug

Wir haben Grundbedürfnisse, körperliche und psychische, die wir ständig versuchen zu erfüllen. Dabei ist das Bedürfnis danach, anerkannt zu werden, für das was wir sind, einfach sehr prominent.

Es gibt uns Sicherheit. Und darum geht es in fast allem was wir tun. Sicherheit bedeutet tiefe Geborgenheit zu empfinden und ein wohliges

Aufgehoben sein mit dem was wir sind und wie wir leben. Es entsteht, wenn erstens unsere physischen Grundbedürfnisse gedeckt sind: genug zu essen und zu trinken, genügend Umarmungen und keine Bedrohung von außen. Psychisch und zweitens, entsteht diese geborgene Sicherheit, wenn wir darüber hinaus etwas erlangen, das ich Erfüllung nenne.

## Sicherheit ist auch ein psychisches Grundbedürfnis

Warum ich das sage? Es erscheint mir aus meiner Erfahrung so, als würden wir Sicherheit erst erlangen, wenn wir etwas bewirken können, das nicht nur uns selbst wichtig erscheint, sondern auch im Außen als wertvoll wahrgenommen wird. Dabei wollen wir auch unbedingt Teil einer Gemeinschaft sein und uns erfüllt fühlen. Wenn wir uns dann auch noch wagen, das immer wieder zu feiern, also dankbar ernten, was wir gesät haben, dann entsteht das Gefühl von Erfolg. (Begrifflichkeit aus der Salutogenese, lt. Antonovsky)

## Unser menschliches Potenzial nutzen

Ich hoffe, es gelang mir bisher verständlich und freundlich herzuleiten, was wir Menschen als Spezies grundlegend brauchen, um ins wirklich produktive Agieren zu kommen. Dort geht es dann darum, unser Potenzial zu nutzen.

Übrigens: Dieses Potenzial wird auch in der Erreichung der Basisbedürfnisse eingesetzt. Wir können gar nicht anders als unser Potenzial zu leben. Die Art und Weise wie unsere Haltung dahinter ist, macht allerdings einen großen Unterschied.

## Kreativität – der Schlüssel zu Innovation und Überleben

Unser Potenzial Gelerntes zu verarbeiten und daraus komplett neue Lösungen abzuleiten, macht uns Menschen aus. Denn „Der Mensch ist erfinderisch".

Die Motivation dahinter ist allerdings der Grund für das Maß, wie bereichernd die Lösungen sind. Die Haltung dahinter und die damit verbundene Intention machen gemeinsam die empfundene Motivation aus.

### Offene Kreativität

Offene Kreativität entsteht aus einer Frage, einer Neugierde und auch aus einem Bedürfnis. Sie entsteht aus einer offenen Haltung und hat die Intention, etwas Bereicherndes zu schaffen. Damit das möglich wird, bedenkt sie, soweit es möglich ist, das große Ganze. In der Kunst wird das gepflegt oder in gutem Produktdesign. Auch die Bereiche Servicedesign oder Lernerfahrungsdesign, wenn sie gut gemacht sind, machen sich diese Haltung zu Nutze.

Das Ergebnis ist in der Regel eines, dass Menschen begeistert und sich gut in Geldwert übersetzen lässt.

Aber auch in der Wirtschaft gibt es diese Aktivitäten. Apple ist ein Beispiel, sie haben ihren

Produkten diese Haltung zugrunde gelegt. Design Thinking oder Storytelling nutzen dieses Wissen.

Notwendig ist dafür, dass wir es als Individuum wagen, den Überlebensmodus loszulassen und den Lebensmodus für uns in Anspruch zu nehmen.

### GESCHLOSSENE KREATIVITÄT

Geschlossene Kreativität ist hoch kraftvoll, denn sie strebt immer danach das Überleben zu sichern. Es ist also wichtig, den Überlebensmodus zu würdigen. Er war in einer Zeit wertvoll, in der er uns in Kriegszeiten, in Form einer selbstverständlichen, bescheidenen, fast unterwürfigen Haltung geholfen hat, mit Entbehrungen zurecht zu kommen.

Geschlossene Kreativität ist sehr zielorientiert. Das Ziel ist allerdings auch immer vordefiniert: es geht um das essenzielle, relativ kurzfristige Überleben.

Damit entsteht ein eingeschränkter Fokus, der sich vorrangig auf vitale und gleichzeitig kurzfristige Ziele richtet, die sich um sich selbst drehen. Das rettet uns das Leben, ist aber als Dauerzustand, nicht tauglich. Trotzdem wird genau das derzeit in der Wirtschaft gelebt. Und: Diese Kreativität ist angstgetrieben. Sie sucht nach physischer Sicherheit und hat rein gehirnphysiologisch keinen Platz für mehr.

## Future Skills Farming und MUTIG MenschSEIN

Für mich ist wie gesagt, das Prinzip des Bio-Bauers und wie er seine Ernte plant, anbaut und erntet, ein wunderbares Gleichnis, um komplexe Zusammenhänge zu erklären. Dabei gilt es zu bedenken, dass er die Pflanzen während ihres Lebenszyklus auch kultiviert, indem er sie schneidet, indem er sie organisch düngt und auch weiß, welche Nährstoffe wann gebraucht werden. Genau das gilt auch für den Future Skills Farmer.

Genau diese Gedanken macht sich übrigens auch die konventionelle Landwirtschaft, das Ziel ist allerdings ein anderes, denn es geht beinahe ausschließlich um monetäre Gewinnoptimierung, ohne Rücksicht auf die Gesundheitsgefährdung, die für die Kunden und den Boden dabei entsteht.

**Das Wozu (oft auf Englisch das WHY genannt) ich etwas tue, spielt also eine essenzielle Rolle.**

Und genau dieses wozu und der Erfolgsbegriff, wann etwa als gelungen gilt, spielt eine zentrale Rolle in einem menschen-art-gerechten Arbeits- und Gestaltungsprozess und im Future Skills Farming, sowie dem MUTIG MenschSEIN.

# Grundgesetz der Ästhetik: Das Wahre, das Schöne, das Gute

Mit dem Hintergrund der Künstlerin sind mir die Gesetze der Ästhetik bekannt. In unserem Zusammenhang möchte ich sie erwähnen, weil sie zentral sind für ein gelingendes MUTIG MenschSEIN.

Einfach gesprochen kann man Ästhetik als eine Reihe von Prinzipien bezeichnen, ohne die sich kein Kunstwerk erschaffen lässt. Und für jene, die mit diesen Prinzipien nicht vertraut sind: man kann sie anwenden oder gegen sie arbeiten. Auf jeden Fall bezieht man sich in irgendeiner

Weise darauf. Und genau in diesem Mechanismus liegt so viel Weisheit.

Was, wenn wir im Bereich Wirtschaft und Gesellschaft, oder auf der operativen Ebene Arbeit und Bildung, eine Art ästhetisches Prinzipienkonstrukt schaffen, auf das man sich bezieht?

Das könnten selbstverständlich ethische Grundsätze sein, oft sind diese aber zu abgehoben, um sich daran halten zu können.

**Wir brauchen umsetzbare, handfeste Prinzipien. So einfach, dass man sie immer vor Augen hat und so differenziert, dass sie auch in komplexen Umgebungen anwendbar sind. Diese Prinzipien sind individuell und jeder Future Skills Farmer erarbeitet sich ihre*seine im MUTIG MenschSEIN Prozess.**

# NEUES DENKEN WAGEN IV

## MUTIG MENSCHSEIN, ARBEIT UND LEADERSHIP

Leadership wird im Englischen für weit mehr verwendet als für die Bezeichnung einer Führungskraft. Es ist jemand, der Verantwortung übernimmt und sich dazu bekennt, verantwortungsvoll und als Vorbild zu agieren. In der Arbeitswelt ist das mit einem Ziel verknüpft – nämlich die Menschen in einem Team, einer Kolleg*innenschaft zu ihrer Größe zu führen, damit sie produktiv und wertschaffend für die Organisation, das Unternehmen tätig sind.

In Österreich wird gerade in der Fortbildung für Erwachsene stark unterschieden zwischen dem Menschen als Person und dem Menschen im Arbeits-=Schaffens-Prozess. Eine Unterscheidung, die ich nicht für sehr zielgerichtet halte, denn wir sind immer „der Mensch", der wir sind und nehmen mit diesem Mindset unsere Aufgaben wahr, sei es als Mutter oder Vater, oder eben Mitarbeiter*in oder Chef*in. Restriktionen im Mindset, wie in Österreich, liefern aber eben auch eine Gelegenheit, herauszuarbeiten worin die Wichtigkeit dieser Unterscheidung liegt und ob sie eventuell auch nützlich ein könnte.

Mein Ansatz ist also einer, der den Menschen anspricht, vorrangig im Arbeitsprozess. Es geht also um Persönlichkeitsentwicklung im Sinne von eigener, persönlicher Erfüllung und auch den eigenen Beiträgen für den gleichen Prozess bei anderen.

**Was erarbeitet sich also ein MUTIG MenschSEIN Leader?**

**Sie*Er entwickelt ihre*seine Zukunftsfähigkeiten im Bereich der persönlichen Entwicklung. Mit dem Ziel ein wertvolles Schaffen zu leben, für eine Welt, die auch in Zukunft noch lebenswert ist.**

Eine Grundhaltung eint alle Mutigen Mensch-SEI-enden:

**Sie*Er haben eine Grundhaltung des förderlichen Kultivierens. Sie glauben bedingungslos ans Gelingen. Sie bereiten den Boden dafür auf, kultivieren dessen Wachstum und ernten daraus, um zu veredeln.**

MUTIG MenschSEIN - Die essenziellen Aspekte der Persönlichkeitsentwicklung nach Future Skills Farming / Karola Sakotnik

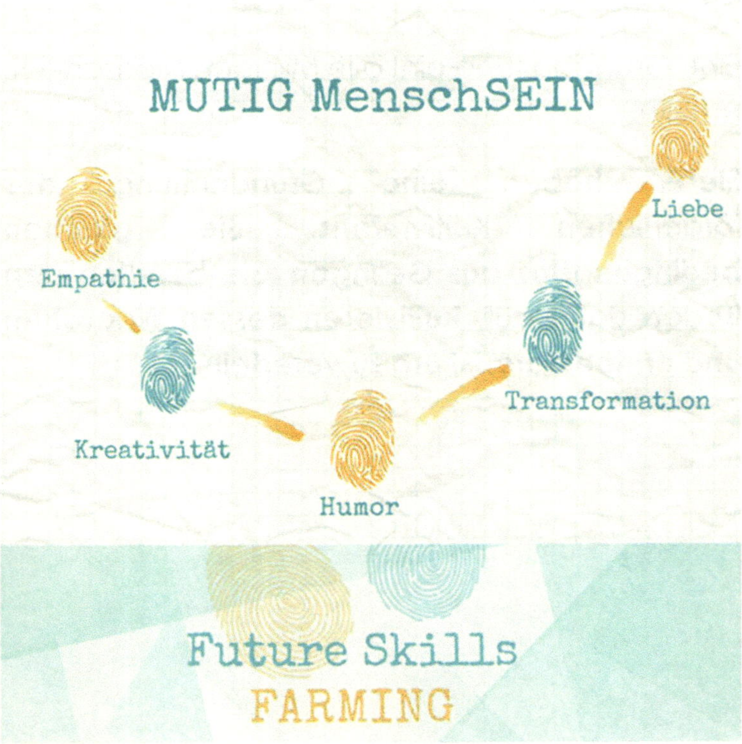

## Der Weg des MUTIG MenschSEIN Leaderships

Der Weg des MUTIG MenschSEIN Leaders bedeutet, kontinuierliche, freudvolle und selbstverständliche Arbeit an sich selbst ins tägliche Leben zu integrieren.
Er sieht sich als Future Skills Farmer und MUTIG MenschSEIN ist ein Teil dessen. Es ist der Bereich, der sich auf den Menschen und sein Potenzial selbst bezieht.
Ein Future Skills Farmer und MUTIG MenschSEIN Leader lebt mit sich selbst also folgende Entwicklungen:

- Empathie und Selbsterkenntnis
    - Intuition trainieren
    - Mindfulness anwenden
    - In die Tiefe gehendes Zuhören
    - Genaues Beobachten
    - Resonanz nicht nur erkennen, sondern bewusst anbieten
    - Glaubenssätze neu denken wagen
    - Genialität erlauben

- Humor und Lebensfreude
    - Humor wachhalten, auch in stressigen Zeiten
    - Begeisterung erzeugen
    - Neugierde pflegen

- Kreativität
    - Mutig sein
        - Neue Verknüpfungen entstehen lassen
    - Out-of-the-box Denken
        - Neue Lösungen entstehen
    - Den Funken zulassen

    - Genialität einladen, Begeisterung erzeugen
  - Co-Creation nutzen

- Intuition
  - Sich selbst zuhören
    - Den inneren Coach entwickeln
  - Den anderen zuhören
    - Und so Transformation einleiten
  - Atmosphäre spüren
    - Um vielerlei wahrzunehmen
    - Z.B. welche Ideen im Raum sind
- Ethik
  - Sich zu Werten bekennen
  - Dialogisch handeln
  - Alles Handeln mit dem großen Ganzen abstimmen
- Spiritualität
  - Um den Menschen auf sein Potential auszurichten
- Praktizierte Liebe

∝ Um menschen-art-gerecht für Sicherheit und Geborgenheit zu schaffen und damit Raum für offene Kreativität zu bereiten

## Neues Denken wagen!

Ja, es geht darum, es zu wagen, Neues zu denken.

Neue Zusammenhänge herzustellen bedeutet auch, ein neues Weltbild zu gestalten. Daraus erwächst dann auch ein neues Wertebild. Damit es sich langfristig etablieren kann, brauchen wir viele, die mutig genug sind, sich für einen bedingungslosen Glauben ans Gelingen als Grundhaltung zu entscheiden.

Und das mit

- Weitblick

- Weisheit
- Konfliktsouveränität
- Intuition:
  - Optionen und Chancen sehen können
  - das erfordert, seine Intuition zu kultivieren
- Coaching Fähigkeiten
  - um förderlich intervenieren zu können
  - um das Potential von Menschen zu erkennen
  - um Menschen in ihrem Potential unterstützen zu können
- Einem wertvollen, kultivierten Selbstbild
  - Um Vorbild zu sein
  - Um zum Resonanzgeber zu sein
  - Um Leuchtturm zu sein
- Technologie Literacy
  - Um Technik smart zu verstehen
  - Um sie smart zu nutzen
- Ausdauer und Beharrlichkeit
  - Um Ziele zu setzen
  - Um sie zu erreichen
- Kreativität

- Um aus vielen Einzelteilen ein wertvolles Ganzes, noch nie da gewesenes schaffen zu können

- Humor
  - Um mit Rückschlägen umgehen zu können
  - Um auch andere immer wieder dabei zu unterstützen, mut- und hoffnungsvoll zu bleiben
- Kommunikation
  - Um die Dinge so beim Namen zu nennen, dass sie annehmbar sind
  - Um kongruent und authentisch Unterschiedlichkeiten und Heterogenität zu benennen, und damit den Schatz, der darin verborgen ist, zu heben

## Was ein MUTIG MenschSEIN Leader kultiviert

Sie*Er kennt die Prinzipien der natürlichen Kreislaufwirtschaft und beachtet die Wachstumsschritte in allen Schaffensprozessen. In den folgenden Bereichen wird mit neuen Haltungen gearbeitet. Die lauten folgendermaßen:

- Im Ernteprozess
  - ∝ Intuition, indem sie*er das Herz einschaltet
  - ∝ Kreativität, indem sie*er neu verknüpft und erschafft
  - ∝ Umsetzung, indem sie*er es ganz einfach tut
  - ∝ Menschliche Komplexität, indem sie*er sie nutzt

- In der Umsetzung
  - Prototyping (erfolgt immer im Team)
  - Sie*er prüft und verbessert kontinuierlich (mit Helfern) und macht das Produkt oder die Dienstleistung mit diesen Erkenntnissen marktfähig
  - Sie*er geht auf den Markt (mit Helfern) und ist erfolgreich (mit Helfern)
- Im Rahmen der eigenen Entscheidungskompetenzen
  - Mindfulness
  - Den inneren Coach befragen
  - Mit einer Haltung der Selbstliebe
    - Sich selbst warmherzig und liebevoll behandeln
    - Jeden Tag, im Alltag, auch unter Stress

Die Haltung dahinter ist immer MUTIG MenschSEIN.
Das Ergebnis daraus ist, dass schnellere, treffsicherere Entscheidungen getroffen und bessere Ergebnisse im Bereich Problemlösung erzielt werden.

Wenn immer mehr Menschen diesen Weg gehen und diese Haltung in Unternehmen, Organisationen und Großkonzerne Einzug hält, dann kann eine neue Kultur des Miteinanders entstehen. Eine, die sich auf eine produktive echte Wertschöpfung fokussiert und damit eine lebenswerte Welt in Wirtschaft und Gesellschaft gestaltet.

## Notizen und Gedanken

„Wie virtuelles Lernen von Zukunftsfähigkeiten gelingt: Wenn Menschen vor dem Bildschirm wie um ein imaginäres Lagerfeuer sitzen, hören und innerlich erleben. Umfangen von den faszinierenden Augen der Erzählerin, die die wärmende Glut von tiefem Wissen weiterträgt - das ist eine der Möglichkeiten wie wir online Lernen andenken. Und das erlebe ich in den Vorträgen von Karola Sakotnik"

Zitat zum entworfenen Visual „Virtuelles Lagerfeuer" von Harald Karrer, Chief Visuals Officer von Future Skills Farming

# NEUES DENKEN WAGEN V

## WIE MUTIG MENSCHSEIN DIE WELT DENKT

### GLOSSAR DER GRUNDBEGRIFFE IN DER WELT DES MUTIG MENSCHSEIN

Hier habe ich eine Sammlung zusammengestellt, die essenzielle Begriffe des MUTIG MenschSEIN erläutert, um Ihnen zu zeigen, dass es wirklich ein mutiges Interpretieren benötigt, um diese Kultur zu etablieren. Das geht für Mitarbeiter*innen am besten mit unseren Online Programmen oder Live Workshops, oder wenn es für Ihre Firma als Kulturentwicklung passieren soll, auch mit den Transformationspiloten. Teilweise habe ich auch kleine Inspirationsübungen angegeben. Übrigens: Ich erlaube mir in diesem Teil, Sie immer wieder zu duzen. Das geschieht bewusst. Der Hintergrund ist, dass es einfach direkter berührt, wenn wir mit du angesprochen werden

Viel Freude damit und schauen Sie auf www.Future-Skills-Farming.com vorbei – denn gemeinsam macht dieses Er-Leben und Er-Kunden mehr Spaß.

## Harmonie

### Warum ohne Harmonie nichts geht und gleichzeitig unser Streben nach dauerhafter Harmonie Wichtiges verhindert

Ein wichtiger Teil in der Lehre von der Ästhetik ist das Prinzip der Harmonie. Wobei ich das Prinzip der Harmonie eher als Naturgesetz ansehe, denn als vom Menschen erkanntes Prinzip. Harmonie ist ein momentaner Zustand, den wir als ideal erstreben und der sich aber nicht dauerhaft erhalten lässt. Damit hat Harmonie ganz großen Wert, wenn sie gerade nicht vorhanden ist, und ist ein großer Genuss, wenn sie gerade stattfindet. Hier gilt es meiner Meinung nach, eine Freude am Unperfekten zu entwickeln, um aus dieser dauerhaften Spannung ernten zu können. Harmonie wird besonders wertvoll, wenn sie gerade nicht da ist, ähnlich wie Licht ohne Dunkelheit nicht wahrgenommen werden kann oder Musik erst durch die Pausen zum Klingen kommt.

## Sicherheit

Das Bedürfnis nach Sicherheit ist einer der unmittelbarsten Antriebe für unser Handeln, neben Werten und Anliegen, die auf einer weiteren Ebene wirksam sind. Das heißt: viel unserer Bewertung von Situationen oder Herausforderungen findet auf einer grundlegenden Ebene statt.

Indem wir uns fragen: bin ich dabei sicher oder nicht.

Sicherheit empfindet allerdings jede*r anders. Relativ klar ist es nur im Rahmen von körperlicher Sicherheit. In unserer Kultur kommt dann z.B. finanzielle Sicherheit dazu und auch gesundheitliche Sicherheit. Daher werfen uns Krankheiten oder eine prekäre finanzielle Situation so stark aus der Bahn.

Sobald es gefühlt ums „Überleben“ geht, agieren wir instinktiv: mit Flucht, Angriff oder Schockstarre oder so tun als wäre nichts. Je nach Typ oder Erlerntem entscheidet sich unser System für eine der vier Möglichkeiten – unmittelbar, sozusagen außerhalb unserer Selbst-Kontrolle. Als Auslöser dient dabei ausschließlich, was wir als gefährlich empfinden, nicht, ob die Situation objektiv gesehen wirklich so gefährlich ist.

Kennst du deinen Überlebens-Typ, oder besser deinen Sicherheitstyp?

Mach einmal folgende Übung:

Erinnere dich an eine gefühlt gefährliche Situation – wie zum Beispiel als du als Kind beichten musstest, dass du vergessen hast, für die wichtige Prüfung zu lernen. Die, die letzte Möglichkeit war, einer Entscheidungsprüfung zu entkommen.

1) Hast du versucht krank zu werden?
2) Hast du den Lehrer beschimpft, dass er oder sie ungerecht ist
3) Bist du in der Pause einfach nach Hause gegangen?
4) Oder hast du so getan, als hätte es gar keine Prüfung gegeben?

Wenn du eher Typ 1 warst – also gleich krank werden, dann bist du ziemlich wahrscheinlich der „ich stell mich tot" Typ. Ich stelle mich tot, bedeutet für dich in einer ausweglosen Situation Sicherheit hergestellt zu haben

Wenn du eher wie Möglichkeit 2 reagiert hast, dann bist du jemand der sich durch Angriff Sicherheit verschafft.

Und wenn du im letzten Moment einfach gegangen bist – ja dann bist du jemand, der sich in ausweglosen Situationen Sicherheit verspricht, wenn er/sie um sein Leben rennt.

Wenn du die Realität der Prüfung einfach nicht wahr haben wolltest, dann bist du wahrscheinlich jemand, der durch „den Kopf in den Sand stecken" hofft, nicht gesehen zu werden und die*der sich damit in Sicherheit wiegt.

# Humor

Humor ist für eine lebenswerte Welt essenziell. Einerseits weil er Leichtigkeit in die Herausforderungen bringt, vor allem aber, weil man, um humorvoll sein zu können, out-of-the-box denken können muss. Humor ist vielschichtig, eins ist aber fast immer dabei: man erheitert sich über Pannen oder Ungeschicke, die passieren und vermeidbar gewesen wären, hätte man alle Zusammenhänge erkannt und danach gehandelt. Schadenfreude spielt dabei eine Rolle, aber auch die Lust am Paradoxen und die Erleichterung, die man verspürt, wenn das Ungeschick jemand anderem passiert und man diesen Fehler somit nicht selbst machen musste. Damit es erheiternd bleibt, ist es wichtig, dass dem anderen nicht wirklich Schaden zustößt, denn das würde einem das Lachen im Halse ersticken.

## EMPATHIE

Empathie ist die Fähigkeit, mitfühlen zu können was der andere erlebt. Im Gegensatz zum Mitleid geht es dabei darum, mit den Sinnen wahrzunehmen, was sich im Raum gerade abspielt. Mitgefühl bzw. Empathie ist also die förderliche Schwester von Mitleid. Empathie ist ein Mitfühlen, auch in schwierigen Zeiten. Und so wie geteilte Freude, ist auch geteiltes Leid absolut erleichternd und gibt Geborgenheit. Und die brauchen wir gerade in schwierigen Zeiten dringend. Ein empathischer Begleiter weiß allerdings ganz genau um die Grenze, die dabei nicht überschritten werden darf. Nämlich die Grenze, wo jemand anderer versucht, die einem selbst zugeteilten Aufgaben zu tragen. Bei der Arbeit ist das die Kollegin, die immer vorschnell die eine Aufgabe übernimmt, die man selbst gar nicht mag, die man allerdings einfach zu tun hat. Das Ergebnis: man lernt nie die Freude kennen, die entsteht, wenn man etwas wirklich Herausforderndes geschafft hat. Und die ist viel größer als die kurzfristige Erleichterung, wenn man etwas Überforderndes nicht tun muss.

Ein förderlicher, empathischer Kollege würde uns zur Seite stehen und uns unterstützen das scheinbar Unmögliche zu lernen. Und dabei jeden Fortschritt feiern. Mit uns! Oder einfach Mut machen, Mut dazu, ans Gelingen zu glauben. Diesen Mut gestärkt zu bekommen, ist wohl das größte Geschenk, das uns jemand machen kann.

## ZUHÖREN

Es gibt viele Theorien zum Thema Zuhören. Ich habe versucht euch ein leicht verständliches Modell aufzubereiten.

Beim Zuhören geht es um Hören, um Verstehen und auch ums Wahrnehmen, es funktioniert also auf mehreren Kanälen:

- Was wird wörtlich gesagt,
- was höre ich (in meiner Situation) und
- was möchte der Sprecher sagen – anders gesagt: wofür möchte sie/er gehört werden.

Das wörtlich Gesagte erscheint oft am einfachsten zu verstehen – allerdings ist das immer nur der oberflächliche Inhalt und das Verstehen der Worte reicht praktisch nie aus, um miteinander zu kommunizieren.

- Wie etwas gesagt wird – der Tonfall
- In welchem Zusammenhang etwas gesagt wird
- Die emotionalen Umstände unter denen etwas gesagt wird
- Wo etwas gesagt wird - das reale Umfeld in dem gesprochen wird

Das alles gemeinsam entscheidet darüber, was gemeint ist.

Dazu kommt noch, auf welchem Ohr wir etwas hören – hier zitiere ich Friedrich Schulz von Thun, der dem jeweiligen „Ohr" auch eine Farbe zuordnet:

- Sachebene
    - Worüber ich dich informiere (blau).
- Selbstoffenbarung
    - Was ich von mir herzeige oder offenbare (grün).

- Beziehung
    - Wie ich zu dir stehe, was ich von dir halte (gelb).
- Appell
    - Was ich von dir will (rot).

Konkret gesagt, ein Beispiel an einer oft missverstandenen Aussage: „Ich liebe dich“

Bedeutet, wenn es auf dem Sachebene Ohr gehört wird, schlicht den Fakt: da ist jemand, der mich liebt.

Auf dem Selbstoffenbarungsebene Ohr gehört, nimmt der Zuhörende wahr: Oh, da erzählt mir jemand, dass er Gefühle für mich hegt.

Auf dem Beziehungsohr könnte sie*er folgendes hören: Oh, da steht mir jemand ganz nah.

Und auf dem Appell Ohr: Da möchte jemand von mir geliebt werden.

Versuche als Übung heute und morgen immer wieder einen kurzen Informationsaustausch anzuschauen – auf welchem Ohr hast du zugehört bzw. welches Ohr hat jemand angesprochen und schau auch, auf welchem Ohr du jemanden angesprochen hast.

# Mut

Mut ist eine Haltung. Es ist der Entschluss, sich für eine als richtig und notwendig erkannte Sache einzusetzen, und zwar auch gegen Widerstand und Gefahren. Dabei können zwei gegensätzliche Zielrichtungen verfolgt werden: Mut erfordert einen Entschluss, und zwar für oder gegen etwas, das als gefährlich empfunden wird. Beides kann mit Nachteilen für die eigene Person verbunden sein und Opfer erfordern.

Fall sich die*der Mutige für das Handeln entscheidet, kämpft sie*er für die Durchsetzung eines Rechts, meistert eine gefährliche Situation oder setzt sich für die Umsetzung eines Wertes gegen Widerstände und Bedrohungen durch. Falls sie*er beschließt nicht zu handeln, besteht der Mut darin, zu einem als Unrecht, als wertlos oder als gesundheitliche Zumutung erkannten Tun nein zu sagen.

Beiden Formen von Mut kommt die gleiche Wichtigkeit zu. Beide erfordern Wertbewusstsein, eigenständiges Denken, charakterliche Stärke und Durchsetzungsvermögen.

Mut im Zusammenhang des MUTIG MenschSEIN bedeutet auch, aktiv Verantwortung für einen angestrebten Zustand zu übernehmen, immer in sich hineinhörend, ob dieser Zustand nur auf egoistischen Gründen erstrebenswert erscheint oder dem großen Ganzen dient.

## FREUDE

Freude ist im Bereich MUTIG MenschSEIN grundlegend wichtig. Da die offene Kreativität und Freude eng verbunden sind, ist es wichtig, sich selbst immer wieder auf Freude einzustimmen, um sie als Grundzustand im Alltag empfinden zu können.

Dabei geht es nicht darum, Freude über etwas zu empfinden, sondern eher die Freude an kleinen Dingen genauso wie die Vorfreude auf etwas Ersehntes. Wichtig ist es, die Kraft dieser Empfindung regelmäßig zu kultivieren.

In der Regel entwickeln unsere Teilnehmer ihre eigenen Rituale, um Freude zu kultivieren. Das kann eine Musikliste zum Thema „Freude“ genauso sein, wie eine Filmliste oder verschiedene Gerüche, Geschmäcker oder Rituale in der Arbeit und natürlich auch in der Paarbeziehung. Wichtig ist dabei, nichts davon mechanisch zu tun, sondern immer wieder aufs Neue die Freude einzuladen und sie bewusst zu pflegen.

## Zuversicht

Auch Zuversicht gehört in den Kreis der Haltungen, die täglich kultiviert werden sollten. Diese positiven und bestärkenden Gefühle und Haltungen sind wichtig, um den Geist offen zu halten und innerlich stark zu bleiben.

Zuversicht bedeutet auf etwas zu vertrauen, und zwar in dem Sinne, dass man darauf vertraut, dass es eintritt. Umso mehr, wenn man den Mut hat, es sich zu wünschen. Das Fremdwort dazu ist Optimismus.

Zuversicht bedeutet auch, fähig zu sein, negative Erlebnisse als einmalig einzuordnen und zu wissen, dass sie sich nicht zwangsläufig wiederholen werden.

Damit Zuversicht nicht zum naiven Festhalten am vermeintlich Guten wird, ist es auch hier wichtig, sie einerseits täglich zu stärken, andererseits auch regelmäßig in sich hineinzuhören. Dabei überprüft man, ob es wirklich (noch) positiv ist oder man besser eine zuversichtliche Entscheidung trifft, etwas nicht fortzusetzen oder umzusetzen.

## LIEBE

Lieben gehört zu den wichtigsten Fähigkeiten von uns Menschen. Je mehr wir davon tun, desto glücklicher fühlen wir uns!

Wen kann ich denn nun lieben?

Man kann sich selbst lieben, seinen Mann, seine Frau, seine Kinder, seine Haustiere, ein gutes Buch, das Leben generell. Je mehr wir davon empfinden, desto grösser ist unser Glück. Leider glauben wir allerdings gern, dass wir einen Grund brauchen, der von außen auf uns zukommt, um das Gefühl des Lebens zu empfinden. So lernen wir es leider noch immer und das Blöde daran ist, dass es nicht stimmt.

Zu lieben ist eine Haltung.

Das bedeutet eine Lebenseinstellung!

Und man kann es üben und trainieren – wie einen Muskel!

Wichtig ist allerdings, dass Liebe und das dabei entstehende offene Herz, nicht verraten werden. Denn ein Vertrauensbruch ist auch im Business Kontext und damit für eine*einen Liebenden mit ihrer*seiner (nicht romantischen oder erotischen) dem Business adäquaten Form der liebenden Haltung eine Katastrophe.

Wir Menschen sind aber eben nicht perfekt. Oft passiert ein Vertrauensbruch sogar ohne Absicht, also ohne, dass einer dem anderen etwas Böses wollte. Umso schlimmer, wenn es absichtlich passiert. Die gute Nachricht auch hier – man kann auch dieses schmerzhafte Erlebnis überwinden, und zwar ohne, dass offene Wunden zurückbleiben. Dafür muss man aber auch einiges üben und das tut man am besten in Zeiten, in denen es einem gut geht.

Was gilt es also zu üben: einerseits jeden Tag die Liebe als Haltung zu üben – und zwar ganz konkret - das „Lieben spüren" üben.

Dazu dann am besten das „Dankbarkeit spüren" üben und das „Verzeihen" oder Vergeben – damit man weiß, wie erleichternd es sich anfühlt, wenn man jemand verzeihen kann. Diese Erfahrung hilft, wenn es einmal wenig Grund gibt jemandem zu verzeihen, und man sich einfach dazu entschließen möchte, um der eigenen Seele Frieden zu gönnen.

Grundsätzlich gilt: verzeihen kann man immer, es fällt allerdings besonders leicht, wenn man guten Grund hat, jemand zu verzeihen. Jemand der einsieht, dass es Grund gibt um Verzeihung zu bitten, wäre natürlich ideal. Meist ist es aber egal, ob das jemand einsieht. Beim Üben kann man gut bei „sich selbst verzeihen" anfangen. Dazu frag dich einmal selbst: Wie streng bin ich mit mir? Und wie oft breche ich mein eigenes „Ich hab´ mich lieb" Versprechen? Stimmts, da gibt es immer wieder Anlässe?! Vor allem weißt du auch schnell, ob du es ernst meinst. Erste

Schritte rate ich daher immer mit sich selbst zu tun.

Wie? Frage dich heute Abend: Wann habe ich mich heute wieder einmal selbst im Stich gelassen? Das hast du, wenn du zum Beispiel wieder einmal etwas gegessen hast, das dir nicht guttut. Oder wenn du wieder einmal so knapp geplant hast, dass du in Stress gekommen bist. Oder wenn du dich wieder über andere geärgert hast, deren Verhalten du eh nicht ändern kannst. Dann bitte dich selbst um Verzeihung und verspreche dir das in der kommenden Woche besser zu machen. Und: du musst es wirklich ernst meinen! Und Umsetzen! Sonst brichst du nämlich das Vertrauen in die Verlässlichkeit dir selbst gegenüber. Nach einer Woche schau, was sich verändert, wenn du dir selbst gegenüber verlässlich bist. Das Ergebnis wird ungefähr so aussehen: du entspannst dich, bist fröhlicher und gelassener. Deine Familie, dein Partner oder deine Freunde werden bemerken, dass sich etwas positiv verändert. Wenn du das ein paar Wochen durchhältst, werden sie dich darauf aktiv ansprechen.

## KREATIVITÄT

Kreativität ist ein wichtiger Faktor im Leben. Dabei spreche ich nicht vom künstlerisch tätig sein, sondern davon, dass wir als Menschen ständig schöpferisch sein wollen. Wir erfinden Neues, Lösungen für neue Herausforderungen.

Wir brauchen das wie ein Stück Brot. Wenn wir eine neue Lösung gefunden haben, fühlen wir uns wertvoll. Wenn sie gut funktioniert, werden wir hoffentlich von uns selbst dafür gesehen – und in der Regel dafür auch von außen - und werden anerkannt, weil viele Danke sagen – oder ich eben mir selbst danke sage, weil es mir selbst wirklich hilft. Wenn ich dem zugrunde lege, dass ich auch brauche verbunden zu sein und frei zu sein, dann ergibt sich automatisch, dass ich nicht egozentrisch nur für mich erfinde, sondern eben auch für die Gemeinschaft, mit der ich mich verbunden fühlen möchte.

Gerade für den Lockdown, wenn man besonders viel Zeit miteinander verbringt, ist es sehr hilfreich der Kreativität regelmäßig Raum zu widmen. Das gleiche gilt auch für einen Urlaub wie zum Beispiel Weihnachten. Denn die in unserer hektischen Zeit ungewohnte Verfügbarkeit von viel Miteinander verleitet uns dazu einfach nur dazuliegen, fernzusehen und nichts zu tun. Dabei ist es viel erfüllender, wenn wir etwas Neues schaffen, wenn wir kreativ tätig sind – das kann gemeinsam kochen sein, einen Waldspaziergang machen oder auch etwas basteln oder reparieren. Natürlich kann man auch Sport machen, das Bedürfnis kreativ zu sein wird allerdings beim Tanzen oder Singen besser gestillt.

Als Übung für gelebte Kreativität: frage dich und deinen Partner, deine Partnerin, und auch deine Kinder, was ihr so richtig gern und aus vollem Herzen kreativ tun möchtet – und zwar ganz konkret an freien Tagen. Das schreibt ihr in einen gemeinsamen Planer oder ein Tagebuch. Dann suchen sich alle Bilder dazu und kleben sie ein oder zeichnen sie in den Planer, das Tagebuch. Damit die Vorstellung so richtig konkret wird. Und wenn es dann passt, habt ihr gleich ein paar Vorlagen, was ihr denn gemeinsam oder jeder für sich an einem Tag machen könnt, wo endlich Zeit fürs daheim sein da ist.

# NOTIZEN UND GEDANKEN

## Toleranz

Toleranz gehört wohl zu den wichtigsten Zukunftsfähigkeiten, gemeinsam mit Kreativität, Humor und Intention.

Toleranz bedeutet, nicht davon auszugehen, dass der eigene Weg der einzig richtige ist. Aktive Toleranz ist eng verbunden mit der Neugier am anderen, am Ungewohnten und am Neuen.

Toleranz bereichert die Erlebniswelt von uns Menschen und sie steigert das individuelle Sicherheitsempfinden.

Die Freude, die aufsteigt, wenn man die Fülle an unterschiedlichen Wegen erkennt und als interessant betrachtet ist unbeschreiblich.

Tolerante Menschen sind in der Regel kreativer und erkennen leichter Lösungen. Sie sind auch großzügig mit den eigenen Fehlern, ohne dabei fahrlässig zu sein.

Wichtig ist es, zu erwähnen, dass Toleranz auch bedeuten kann, Grenzen zu ziehen, sich selbst zu schützen und sich selbst und den eigenen Bedürfnissen gegenüber großzügig zu zeigen.

## Intention

## Zielgerichtetheit, Fokus, Entschiedenheit

Hier sind bewusst mehrere Worte gewählt, weil sie verwandte Haltungen mit leicht unterschiedlichen Energien bezeichnen.

Intention bedeutet, sich auf etwas, ein Ergebnis auszurichten, sich darauf zu fokussieren und es dann freizugeben, damit es sich entwickeln kann.

Die Kunst eine Intention zu setzen, kann folgendermaßen beschrieben werden. Es geht darum, in sich hineinzuhören und sich ehrlich über die aktuelle Intention klar zu werden. Dann gilt es, sie sehr genau zu definieren und in Worte zu fassen. Am besten auch zu notieren, um sie so bereits vor dem Eintreffen manifestiert zu haben.

Menschen, die mit dieser Technik arbeiten, haben eine deutlich höhere Umsetzungswahrscheinlichkeit.

## GLAUBENSSÄTZE

Glaubenssätze sind etwas, das uns sehr stark täglich – nicht nur beeinflusst - sondern leitet. Jeder hat sie, wenige können sie benennen und trotzdem steuern sie unser Handeln.

Die Definition ist: unbewusste Überzeugungen, die wir als wahr anerkennen oder einschätzen, ohne zu prüfen, ob sie wirklich stimmen.

Glaubenssätze sind so stark, dass sie unsere Realität gestalten. Je nachdem ob der Glaubenssatz negativ oder positiv ist – eben negativ oder positiv.

Warum das so ist? Sie wirken wie ein Drehbuch oder ein Regelwerk, das es zu befolgen gibt und auch wie eine Brille, durch die wir alles sehen. Da unser Geist, unsere Einstellung, unsere Wirklichkeit gestaltet, haben Glaubenssätze eine so außerordentlich starke Wirkung auf unser Er-Leben.

Als Beispiel:

Du bist überzeugt „entweder ich gewinne oder ich lerne" – du hast also einen Glaubenssatz, der dich unterstützt. Denn mit „entweder ich gewinne oder ich lerne" bist du jemand, der gut mit den Herausforderungen des Lebens umgehen kann. Egal was dir hingeschmissen wird – entweder du gewinnst oder du lernst. Ein wunderbarer Zugang.

Es gibt aber auch negative, also hinderliche Glaubenssätze.

Hier ein paar Beispiele für negative Glaubenssätze aus dem Büro Alltag:

- Erfolg gehört nur den anderen
- Ich muss perfekt sein
- Ich bin erst etwas wert, wenn ich viel verdiene

- Wenn ich richtig Gas gebe, verliere ich meinen Mann/ meine Frau

Du findest deutlich mehr im Internet und diese Glaubenssatz-Listen sind hilfreich, zu erkennen, welche unbewussten Überzeugungen du mit dir herumträgst. Allerdings versprich mir, dass du beginnst aufzuräumen – denn wir sind unseren Glaubenssätzen nicht ausgeliefert, wir können sie wieder verabschieden und durch positive, solche die uns unterstützen, ersetzen.

Wie man <u>das</u> am besten macht - durch Reflexion emotional und unter Beachtung der physischen Reaktionen.

Für den Alltag eignet sich eine meiner Lieblingsübungen. Für größere und schmerzhaftere Glaubenssätze empfehle ich immer, ein Coaching in Anspruch zu nehmen.

Hier meine Alltagsübung: Mal dir ein Bild mit lauter kleinen Grabsteinen – und jedes Mal, wenn du wahrnimmst, einen negativen Glaubenssatz aufgespürt zu haben, versuch ihn zu beschreiben. Diese Formulierung schreibst du auf einen der aufgemalten Grabsteine.

Dann trag ihn zu Grabe: frage dich, ob der Satz wirklich stimmt? Ich meine, wirklich?

Sicher?

Versuche jetzt ein Experiment: Wie würde der Satz lauten, wenn du ihn unterstützend formulierst (wenn das geht, dann ist es ein negativer Glaubenssatz) Mit dem Vorstellen und dem Umformulieren wird er schwächer. Gib dir Zeit dafür.

Wenn du merkst, es ist Zeit, ihn los zu lassen, dann kannst du ihn begraben und das tust du, indem du ganz feierlich ein Grabkreuz über den Satz malst oder ganz einfach den Grabstein gestaltest und dann entweder verbrennst oder in den Fluss wirfst.

Wie geht es weiter: Vor allem achte darauf, dass du dir keine neuen hinderlichen Glaubenssätze zulegst. Besonders gefährdet sind wir dafür in Momenten der Enttäuschung, wenn wir glauben Regeln zu erkennen, die hart und unmenschlich scheinen.

Von wem übernehmen wir Glaubenssätze? Von den Eltern, von Freunden, von den Medien, von der Kirche – kurz von allem und jedem das uns so wichtig ist, dass wir bereit sind „darauf zu hören“. Es ist also nichts Schlimmes, sondern etwas normales, Glaubenssätze zu haben.

Wenn du wieder einen entdeckst, sei dir einfach bewusst, dass du immer entscheiden kannst, ob du einen Glaubenssatz behalten möchtest oder nicht.

# Notizen und Gedanken

## Konflikte

Konflikte entstehen ganz einfach gesagt, immer dann, wenn zwei oder mehr Menschen eine klare Meinung zu einem Thema oder zur Lösung eines Problems haben und überzeugt sind, dass nur ein einziger Zugang der richtige ist.

Das ist allerdings rein sachlich immer falsch. Denn wie jeder lebendige Mensch weiß – für jedes Problem oder jede Herausforderung gibt es immer mindestens drei Lösungen, die alle zum Ziel führen.

Konflikte sind übrigens deshalb so unangenehm, weil sich oft ein Gefühl der Unsicherheit einstellt, wenn es unterschiedliche Herangehensweisen gibt und man selbst nicht einschätzen kann, ob sie denn auch zweckmäßig oder zielführend sind. Dazu müsste man nämlich im „Vertrauen können" geübt sein. Vertrauen, dass auch andere etwas können und wissen. Damit man das kann, muss man unter anderem zuhören wollen – und zwar mit offenem Herzen, mit offenem Geist und mit offenem Willen. Das lernen wir allerdings selten heutzutage, vor allem weil wir kulturell gesehen vorrangig an Fakten glauben und unserer inneren Stimme zu selten zuhören.

Aber zurück zum Konflikt. Damit es erfolgreich zum Konflikt kommt, also zum Streiten, über „was ist richtig", brauchen wir ein paar Voraussetzungen: die Annahme, dass nur ich weiß, wie es geht. Die Überzeugung, dass nur ich Spezialistin bin und die Verweigerung eben ganz (oder richtig) zuzuhören.

Wenn ich dieses Gedankenexperiment jetzt aber einfach umdrehe, dann wird es interessant. Dann repräsentieren Konflikte doch eigentlich ganz einfach unterschiedliche Meinungen zu einem Thema und können durch die Diversität, die damit entsteht, ein richtige Schatzkiste für neue Lösungen sein. Solange wir unser individuelles Sicherheitsempfinden damit nicht nachhaltig stören. Dort liegt das Geheimnis begraben, warum es so schwer erscheint, die Schatzkiste Konflikte zu nutzen.

Wenn du also merkst, dass sich grade dieses unangenehme Gefühl des „ich fühle mich gerade in Frage gestellt oder sogar bedroht" einstellt – ohne dass jemand mit körperlicher Gewalt droht – dann halte kurz inne, und frage dich: was versucht mir die*der andere begreiflich zu machen. Meint sie*er es ernst mit dem Vorschlag? Wenn nein – frage genauer nach. Wenn ja – versuche zu begreifen was sie*er wirklich meint oder versucht zu sagen.

Dazu kannst du z.B. formulieren: irgendwie spüre ich einen Widerstand in mir – könntest du bitte versuchen, es mir anders zu erklären? Oder anders gesagt: beschreibe was du körperlich empfindest und versuche dann noch einmal den Inhalt zu begreifen. Das Gegenüber kann so nachvollziehen, warum du dich kurz zusammengezogen bzw. zurückgezogen hast und kann ins Handeln kommen, also behilflich sein und kommt aus der nur allzu oft auftretenden Missverständnis-Spirale aussteigen, die in etwa so heißt „der*die stellt mich in Frage, glaubt mir nicht, hält mich für unwissend"

## Führung und Leadership

Heute macht man einen Unterschied zwischen Führung und Leadership. Als "Erfinder" des Begriffs gilt vielen Harvard-Professor John P. Kotter, der 1982 zum ersten Mal - und ausführlicher 1990 in seinem Buch - den Unterschied zwischen Managern und wahren Führern (Leadern) erläuterte:

- Manager seien eher Verwalter
- Leader dagegen Visionäre

Management stehe eher für das perfekte Organisieren der Abläufe, planen und kontrollieren.

Leadership bedeute dagegen, die Geführten mit Visionen zu inspirieren und zu motivieren. Leadership schaffe Kreativität, Innovation, Sinnerfüllung und Wandel*Transformation.

Führung und auch Leadership gibt es auf zwei Ebenen: auf der Ebene der Führungskraft und auf der Ebene der Selbstführung. Beides beschäftigt sich damit, was ein Team - oder eben man selbst – braucht, um zu artgerecht zu leben, agieren und produktiv sein zu können.

Wir Menschen mögen es nicht, wenn wir einfach nur organisiert und durch Regeln kontrolliert werden – so etwas sorgt immer für Widerstand. Allerdings ist genau das in Zeiten der Industriellen Revolution entstanden. Als plötzlich am Fließband produziert wurde, wurde direktive Führung, mit einfachen Anweisungen oder Ansagen, extrem wichtig. Das gilt übrigens auch für Kriegszeiten oder akute Notfallsituationen. Denn dort ist es wichtig, dass Menschen strikt nach Plan handeln, auch wenn sie das große Ganze nicht verstehen können.

Die Umstände haben sich aber geändert. Durch die Digitalisierung verändert sich unser Arbeits- und Lebensraum drastisch. Keiner weiß, was genau sich bis in 10 Jahren verändern wird, auch die die es sonst wissen, die Chefs, nicht. Es ist daher auch für Führungskräfte schwer, einen Plan zu entwerfen, der in naher Zukunft mit Sicherheit noch gültig ist. Trotzdem ist es wichtig, dass Mitarbeiter sich so zugehörig fühlen und sich mit Engagement einbringen. Daher ist Leadership ein im Wert deutlich gestiegenes und wertvolles Instrument, um uns zu leiten. Denn Leadership leitet nicht vorrangig über Regeln und Gesetze, sondern über Vorbildfunktion, über Motivation, über Inspiration und über Visionen. Und sie lädt ein, eigene Ideen einzubringen und Verantwortung zu übernehmen.

Um von der Führungskraft zum Leader zu werden, muss man an sich arbeiten. Man muss die Aufgaben und Rollen hinterfragen, die man täglich erfüllt. Man muss auch seine Kommunikation anpassen –aktive Mitarbeiter und Menschen müssen auf eine Art angesprochen werden, die ihnen Sicherheit gibt, und das Gefühl, wertvoll zu sein. Die ihnen Würde gibt, in dem was sie sind. Und sie einladen sich einzubringen, mit ernstgemeinten Ideen und Beiträgen.

Selbstführung ist dabei das direkteste Übungsfeld, das man umsetzen kann.

Stell dir folgende Fragen: Hast du dich heute schon einmal aktiv selbst unterstützt? Dir selbst das Gefühl gegeben, wertvoll zu sein? Wenn nicht, dass fang´ doch gleich damit an. Was kannst du heute tun, damit du dich heute ein Stück weiter-entwickeln kannst? Damit du einem Traum ein Stück näherkommst? Nimm dir 15 Minuten Zeit, um das zu überlegen und dann setz es in die Tat um. Schreibe es aber vor allem auch kurz auf – jeden Tag, ein kleiner Beitrag.

MUTIG MenschSEIN

das ist eine Lebens- und Arbeitshaltung. Sie bedeutet, sich der menschlichen Besonderheiten bewusst zu sein und sie zu kultivieren, um eine Welt zu gestalten, die lebenswert ist.

Das beinhaltet auch, ein Bewusstsein zu erarbeiten, um unsere Arbeitswelt zukunftsfähig zu gestalten. Eine Welt, in der art-gerecht für Menschen gearbeitet und gelebt wird. Dieses Bewusstsein hilft auch dabei, in Zeiten der Transformation offen und inspiriert zu bleiben, weil jetzt die Grundlagen gelegt und die Ideen geboren werden, die unser Überleben sichern.

## Karola Sakotnik, MAS MBA

ist Top Speakerin, Beraterin, Executive Coach, internationale Kultur-Managerin und -Entwicklerin und Künstlerin. Seit 25 Jahren lebt sie Kultur, Leadership, Innovation und Zukunft.

Als Visionärin, exzellente Denkerin und gekonnte Umsetzerin hat sie preisgekrönte, hoch-innovative und umsetzbare Kultur-, Lern- und Erlebnis-Konzepte entwickelt und hält mitreißende Vorträge. Kultur Entwicklung für eine gelingende Zukunft gelingt nur, wenn sich alle Mitglieder einer Arbeits- oder Lebenswelt einbringen und mitgestalten können, und wenn Mut, Vertrauen und Zuversicht gelebt werden, so ihr Credo. Als künstlerische Leitung war sie Führungskraft in der Luxus-Kreuzfahrt und ist die Pionierin, die am Beginn des Booms der deutschen Kreuzfahrtindustrie die Unterhaltung auf Kreuzfahrtschiffen neu gedacht hat. Ihr Schwerpunkt lag dabei auf der Gestaltung der Kultur des Produktes, geprägt von herausragenden künstlerischen Programmen, aber auch durch Inspiration und Lernen in ungewöhnlicher Umgebung und mit der Vernetzung aller Beteiligten in der Lebenswelt Schiff. Aber nicht nur mit der Welt des Luxus und der Konzerne sondern auch mit der Welt von NGOs ist sie vertraut. Vom Theater kommend, hat sie als Rote Nasen Clown im Krankenhaus und in internationalen Flüchtlingslagern Empathie und Humor für besonders vulnerable Gruppen in kreative Interventionen umgesetzt. Nicht zuletzt ist sie eine berührende Sängerin und ein herzlicher, inspirierender Mensch.

Seit 10 Jahren gibt sie ihre Erfahrungen hauptberuflich weiter. Das Mindset Mutig MenschSEIN© und die Anwendung in Trainings, Coachings und Learning Projects nennt sie Future Skills Farming©.

Mehr auf: www.karolasakotnik.com